理財顧問教你

這樣買保險最聰明

吳盛富 | 著

不浪費一分錢！

保障、投資、指定受益

保險全面解析！

序言：保險不是萬能，沒有保險萬萬不能

二少跟我是在中國信託銀行認識的，當時我們都加入了這間頂尖的財富管理銀行，擔任理財專員一職。理財專員簡稱「理專」，為銀行客戶提供理財諮詢服務，並推薦適合的商品獲取手續費收入，是一份絕對高壓的工作。

要成為頂尖的理專，還要學會「萬能」，有關客戶需要的大大小小其他業務，舉凡推信用卡、信貸、房貸、客戶心情、家事等，通通要懂，與客戶的每一個互動交流，都能成為交易成功與否的關鍵。

因此，頂尖的理財專員的生活就是早出晚歸（所幸我不是頂尖的理專，轉型成為顧問）；天天操勞、憋尿、熬夜、三餐不正常根本是家常便飯。而隨著工作的忙碌與業績壓力提高，我們越來越少聯絡，後來因為要去台北拜訪客戶，利用空檔的時間我再次到台北分行找二少聊天，幕然發現二少已經從中國信託銀行離職了。向其他理專詢問之下才得知，原來二少因為得了癌症，所以辭職養病去了。一個 30 歲出頭、青春正好的同期，我們都是七年級生，不應該得到癌症的年紀！

黃老師是一位現任頂尖大學的教授，過去是台商的重要幹部，因為授課認真而且年績效評等都是優，備受學生的歡迎與支持。某日我在黃老師的臉書上看到這樣的訊息：我因確診為肝癌，恐時日無多，如有興趣研究中國大陸從「共產中國」再歷經「經濟中國」，邁入今日的社會主義「文化中國」等歷程，我自民國 90 年起長期在大陸中資企業任職觀察中國組織發展，手邊有很多書籍及照片，有興趣聽我口述由你書寫者，請電洽 09××××××××，用以籌措醫療費用。

一位從來沒想過疾病會改變生活正值壯年的大學教授。

新聞報導：57 歲安迪在《烏來伯與十三姨》中的演出深植人心，因喉嚨卡到魚刺就醫赫然發現已經罹患食道癌第三期，雖然進行化療希望試圖縮小腫瘤，希望免去喉嚨開刀，「若不行，只能把整個喉嚨拿掉」因病情急轉直下，不敵病魔病逝。他是一位帶給人們歡樂的演員！

買保險不能改變生活，而是防止生活被改變！

這個改變可能不是只有自己的生活，還有包含父母妻子等全家人的生活，都會因為類似上面的保險事故發生，對生活造成重大的影響，以及家庭財務的重大風險。

試問，下面兩種情境：

1. 您買了足夠保障的保險，遇到上述狀況的時候，雖然不能改變得到癌症的事實，但是因為我們做了足夠的保險保障，在遇到保險事故時，因財務上有了金錢的支應，能夠不擔心錢而安心養病！全家人也因為保險的理賠金，可以不擔憂後續的醫療費用，以及被迫降低生活水準！

2. 沒有買足夠的保險得到癌症，家庭的財務不足以支應高額的醫療費用，只得降低生活品質，全家人都得縮衣節食，為了治療癌症，原本的生活被迫改變了！

如果有選擇，您會選擇哪一種？買保險僅需要付出成本而已！

只是人生沒有機會重來，這是別人的人生，已經發生的就沒辦法改變了，他們只能被迫去接受新的生活，那我們呢？如果有選擇，我們願意付出一些我們賺來的金錢，花一點成本去買保險，以避免我們的生活因為疾病跟意外而被迫改變嗎？

我用財務規劃的角度讓金錢發揮最大的效益，花最少的錢買到最大且足額的保障，用ＣＰ值最高的保險讓您精省買到足額的保險，願每個人的生活都不會被迫改變。

本書的意旨，在於協助大家認識保險，並且能夠讓大家學會規劃自己的保險！

目錄

第十章 儲蓄型保單 / 144

第十一章 投資型保單 / 170

挑選好的保險公司

為什麼一開始就要帶給大家比較嚴肅的話題，探討保險公司的安全性，那是因為從今年年初，我們便密集的看到台灣的壽險業不斷的因有不好的消息出現在媒體眼前。

2019 / 2 壽險業前 2 月匯損高達 411 億

金管會 2019/2/26 日公布，整體壽險業前兩月的匯兌損失高達 411 億元，高於去年同期的 405 億元。

2019 / 5 台灣壽險業列全球第四大風險國

穆迪日前發布報告指出，台灣壽險業出現保證型商品比重過高、平均保證利率也高、負債存續年期長等三大問題，因此當 IFRS17 上路後，將會使台灣壽險業面臨超高風險。

2019 / 1 商業周刊 1 月分專題：

《保戶夢魘》五大業者單月虧 150 億，今年恐更慘

懸崖上的台灣奇蹟，引爆壽險業 2,200 億匯損

為什麼壽險業會面臨這麼大金額的匯損？為什麼穆迪會對台灣壽險公司提出警告？那是因為保險公司是全世界最大的投資機構之一，壽險公司收集了保戶的保費之後，除了發放佣金以及營業成本之外，就把其餘的所有資金投入市場做投資：主要是投資境外的債券、股票、房地產等相關產品，以獲取收益，因此壽險公司的本質是一間大型的投資機構。但是天有不測風雲，資金規模越大的保險機構，只要遇到金融動盪，保險公司的財務狀況就非常堪慮。

過去的慣例都是把投資未實現的損失或利益深深的藏在財報當中，一般外人根本難以探究它的好壞。不過現在因為財報的透明度高，以及大眾傳播媒體的簡便，讓我們獲取資訊更容易，因此壽險公司的好壞立刻就會呈現在我們眼前。

我們買保險是為了要照顧家人，保護自己的財產，但是萬一保險公司早一步倒閉了呢？美國 AIG 出售旗下南山人壽，就是一個很好的例子。在國外，保險公司倒閉也不是什麼罕見的新聞！

而台灣的壽險業，在政府長期的扶植之下成為了巨嬰，出事時政府救、政府接管，創造出保險公司不會倒閉的假象。在我規劃保險這一區塊的時候，也常見業務人員吹噓保險公司一定不會倒閉這種言論，深深覺得這是個很弔詭的現象。

身為一位 CFP 認證的國際理財規劃顧問，必須幫客戶的資產做面面俱到的配置，包含保險也是。因此，挑選保險公司也是一個非常重要的課題，因為你的人生跟保險公司倒閉，哪個會先來到呢？

唯有先做好規劃與準備，我們才能無懼於市場的風險，我們買的保險才能真正達成保險的目的。

保險公司會不會倒閉？

保險公司會不會倒閉呢？台灣的確發生過，1970 年國光人壽發生財務危機，最後破產清算！

近期經過金管會接管，然後國家賠付，而讓同業接手的共有 4 家，分別為國華、國寶、幸福、朝陽等 4 家問題壽險公司。其中光國華人壽就讓政府賠付 883 億元，4 家總共賠付 1,188 億元。

而現在的政府不如過去有錢，當國華人壽 2012 年以國家賠付金額 883.68 億元讓全球人壽得標，過去累計 30 年的保險安定基金及營業稅特別準備金一次用光，而且仍然不足 560 億元。

國華人壽敗於掏空，最後遇上金融海嘯而被金管會接管：根據蘋果日報報導：國華人壽於 2001 年 5 月向黃春發購買美

表 1-1 政府賠付金融機構金額前 5 名

金融機構	政府賠付總額	接收機構	備註
國華人壽	883.68億元	全球人壽	保險安定基金賠付 883.68億元
中興銀行	585.30億元	聯邦銀行	存保處理中興銀近 900億元不良債權後，聯邦銀支付 RTC71.08億元得標
中華銀行	476.63億元	匯豐銀行	RTC賠付接收機構 474.88億元
寶華銀行	421.24億元	星展銀行	RTC賠付接收機構 445億元
慶豐銀行	189.46億元	元大銀行、遠東銀行、台新銀行、台北富邦銀行	元大銀得標 18家分行，RTC賠付 193億元；遠東銀得標 19家分行，RTC賠付 191.03億元；台新銀得標信用卡業務，支付 RTC40.98億元；北富銀得標越南分行，支付 RTC25.27億元

註：政府賠付來源包括 RTC、存保準備金及保險安定基金

資料來源：中央存保

麗華商業大樓，雙方原本議定以 73 億元成交，但財政部保險司將國華人壽相關檔案移送調查局調查時發現，翁大銘幕後牽線，翁一銘以 87 億元向黃春發買樓，其中差價 14 億元回流到翁一銘的帳戶，因此檢調懷疑翁氏兄弟涉嫌背信。《蘋果》曾數度與國華人壽、德安集團聯繫，但都無回應。

可惡的是，國華人壽因為眾多弊案而造成的虧損由全民買單！

最近幾個被接管而且最後由國庫賠付，讓其他家壽險業接管為國寶人壽、幸福人壽兩家壽險公司，在 2015 年由政府賠付 230 億元給國泰人壽，由國泰人壽墊資 303 億元概括承受國寶人壽、幸福人壽的資產負債，還有其中的所有員工。

國寶人壽掏空：國寶人壽自 2008 年起，假借海外投資名義，以高價購買海外債券、衍生性金融商品，掏空國寶人壽資產並且進行海外洗錢。

幸福人壽掏空：幸福人壽前董座鄧文聰、總座黃正一被控在 2007 年 8 月將幸福人壽 5,000 萬美元資產移給 EFG 銀行成立 STAAP 基金後，向 EFG 借款 2,200 萬美元，兩人運用在私人企業上，鄧文聰 2008 年 1 月接任董事長後，再拿幸福人壽 1 億 5,600 萬美元資產委託 EFG 成立 SFIP 基金，向 EFG 質押借款後洗錢到私人帳戶。

最末**朝陽人壽**：金管會委託保險安定基金辦理問題壽險公司「朝陽人壽」二次公開標售案，開標結果由南山人壽以安定基金墊支金額新臺幣 2 億元得標。

而這樣的掏空壽險公司造成保戶的重大損失，最終也是由全民買單！

試問，以上案例都是這些不良壽險公司保戶選擇投保的，這是保戶的選擇，為何我們要替這些保戶的錯誤選擇而負責任？並且多數保險業務人員都會以最近幾個案例來說明，以台灣的保險公司不會倒閉為由，銷售這些不良壽險公司的保單，而且多半這些保單會優於市場同業，這基本上是一個錯誤！

表 1-2 國寶、幸福人壽（國泰人壽接管前）財務狀況

	資產	淨值	保戶數量	保險件數
國寶人壽	642億元	-311億元	36.8萬	79萬
幸福人壽	432億元	-250億元	13.6萬	25萬

資料來源：金管會

銀行、保險公司會出問題，這些幾乎都是人謀不臧，以金管會近期接管的 4 家保險公司來看，有經營者蓄意掏空資產，或在海外從事不法勾當，但問題是政府為何要花錢來救這些公司呢？

金融海嘯之後，同樣的質疑聲浪也發生在歐美，這些金融機構大到不能倒，遇到經營不善或者蓄意掏空者，政府不能再繼續讓全民替這些公司或者經營者擦屁股了。而且壽險業 2024 年接軌 IFRS17，未來總體壽險業將面對破兆元責任提存準備，壽險業未來的挑戰會很艱鉅！

憑藉著掏空公司獲利的都是投機分子，無論是經營者、銷售人員與保戶，都會因此受惠，反而讓奉公守法的國民受害！因此我認為，挑選好的保險公司是保戶跟壽險顧問的責任。我們買保險是為了保障家人，並且萬一遇到事故的時候，保險公司能按照約定給我們的家人一筆錢！

但萬一保險公司在我們發生事情之前就倒閉了呢？請選擇財務狀況穩健的保險公司，這才是根本的解決之道。

選擇好的保險公司，才能做好保障！

我認為一間投資穩健的保險公司，才能保護保戶，並且在該理賠的時候順利理賠。那什麼樣的保險公司叫做投資不穩健？就跟我們投資股票一樣，投資股票最重要的事情就是，找一個正直且有智慧的老闆。

前文提到，過去的壽險公司會經營到倒閉、淨值為負數，都是因為經營者的掏空與舞弊，因此我們要選擇一家保險公司投入血汗錢去投保，第一要務就是要觀察這間公司老闆的品格，其次要盯緊著注意這間公司的投資是否穩健。

為何買個保險需要注意這麼多事情？就以現在最火紅的失能險來看，目前的失能險年繳保費不過數萬元，而 20 年繳下來，不過百萬元的水平，但只要發生失能的狀況，保險公司的理賠都是動輒數百萬計，這樣超高的賠率萬一保險公司賠付不出來怎麼辦？因此一間保險公司的財務狀況好壞，就非常重要了，它關係到未來我們保戶的權益是否被履行。

保險的原意是：集合眾人的錢，然後理賠給發生事故的家庭，用以規避風險；其本身包含了保障與社會福利的含義在內。而現代的壽險公司除了上述的功能之外，還有一個最重要的任務，就是拿眾人的保費去市場盈利。何謂去市場盈利？就是去投資股票、債券等金融資產獲利。

但萬一這間保險公司的投資失利呢？別忘了這是保戶的資金，若是發生事故，保險公司是要理賠的，結果這筆錢卻被保險公司拿去投資輸光了，保險公司要拿什麼理賠呢？我們可以從哪裡知道壽險公司的投資做得好或不好呢？其實所有壽險公司的投資都會放上公開資訊的觀測站，我們可以透過壽險公司的財報來檢查公司的好壞。

只是壽險公司的財報一向是非常難懂的，尤其對於非專業人士來說，這是非常困難的。除了請教專業的顧問之外，一般人如何才能得知一間保險公司的投資好壞呢？凡事都會有蛛絲馬跡的，我們可以從過去的一些新聞裡發現一些較差的壽險公司，而這樣的公司無論它的產品有多好，我們都要特別注意，而且最好是敬而遠之！

2014 年 06 月 12 日 13:25 中時電子報 盧宏奇
https://www.chinatimes.com/realtimenews/20140612003242-260410

聽耳語亂買股票，賠掉的可能不只是買菜錢，而是幾十億的慘痛代價！財金文化董事長謝金河透露，新光金控在千元以上買進6千張宏達電股票，原因竟是董事長吳東進聽到宏達電創辦人王雪紅的談話，就指示投資部門進場力捧，結果至今損失將近60億元，「要多賣兩棟摩天大樓才補得回來」！

新光金在2011年第2季，以每股平均1,100元的高檔價格，大力買進6千張宏達電，隨基本面逐漸衰落，最終在2015年以平均價格約70元出清，損失將近60億元。

2015-11-03
http://news.ltn.com.tw/news/focus/paper/929165

〔記者廖千瑩／台北報導〕前新光醫院腎臟科醫師江守山在臉書PO文直指新光集團轉投資大賠，拖累新光醫院；新光金今年以來獲利表現不佳，旗下新壽更因投資一檔宏達電，慘虧50億元，雖然新壽已全數出清宏達電，但截至第二季底，新壽帳上未實現損失仍高達308億元。為了一次性彌補帳上未實現虧損，新壽決定出售金雞母信義計畫區新光三越Ａ８館，底價280億元，希望擺脫虧損陰霾，結果流標收場，新壽也火速拍板續賣Ａ８；值得注意的是，相較其他主要壽險公司帳上金融資產未實現利益都是正數，唯有新壽帳上未實現虧損高達300多億元。

2015-06-17 16:42 自由財經
http://ec.ltn.com.tw/article/breakingnews/1351758

新光金控董事長吳東進，上週在董事會承認新光人壽投資宏達電慘賠近50億，然而有週刊報導，除了宏達電外，新光人壽還有其它的投資未爆彈。

《財訊》雜誌報導，除了新光人壽投資宏達電虧損49.5億外，新壽先前投資的仁寶及一檔2倍反向標普500指數型基金，都是吳東進沒有說出口的財務未爆彈。

報導指出，仁寶董事長許勝雄和吳東進私交多年，新壽就曾在5年前大買仁寶股票，買到成為10大股東；而在去年仁寶股價一度跌至19元之際，新壽甚至還加碼6萬張，一舉成為第2大股東。

新壽另一顆未爆彈，是投資了標普指數的2倍放空ETF，新壽從2008年最高達451美元，如今只剩約20美元，等於爆跌了9成，虧損也極為慘重。由於一般投資2倍放空一定要設停損，會賠得如此淒慘，也讓外界質疑新壽的停損控制出了問題。

對此，有決策主管表示，相關標的預計在今年底前全數出清，等於間接證實了有這檔投資，而且止血如此緩慢，恐怕還是避免對財報造成立即影響。

以上3則報導，可由一句話最佳詮釋：錯誤的政策比貪污可怕。一個錯誤的投資決策帶來的影響，就是虧損數十億元！整體股本不過800億元，光是上面的損失就達到百億水平，試問如果你是它的保戶，你還安心嗎？

除此之外，此公司在今年還可能透過可轉換公司債偷吃小股東的豆腐，面對這樣的壽險公司，我們還是優先考慮購買其他同業的保險吧！如果真的沒有選擇了，回頭再考慮這一間吧！

教你如何挑選好的保險公司

一般民眾很難知道保險公司的投資狀況到底好不好，尤其是多數保險公司的財報，會把易受到市場震盪影響的股票、債券放在其中：分為備供出售的金融資產以及成本衡量的金融資產，而多數在財報上所呈現的都只是帳面上的狀況，無法得知這些金融資產現在可變現的價值，因此很容易造成我們判斷的誤差！

到底我們該怎麼選擇保險公司呢？台灣的主管機關給了我們很棒的參考指標：RBC、淨值比。

針對 RBC，法律有明確的定義：

保險業資本適足性管理辦法

中華民國 90.12.20 財政部台財保字第〇九〇〇七五一四一三號令訂定發布

行政院金管會 96.12.28 金管保一字第 09602506421 號令修正發布

行政院金管會 100.11.2 金管保財字第 10002515291 號令修正發布

金管會 104.5.18 金管保財字第 10402503001 號令修正發布

其中第五條的規定：

資本狀況	數值 %	表示
資本適足	大於 200%	安全
資本不足	150%~200%	有危險
資本顯著不足	50% ~150%	差
資本嚴重不足	50% 以下	有倒閉風險

其次是資產淨值比，在財報中的公式為：

自有資產（保險公司自有）/總資產（保險公司自有+保戶資產）

為何使用這個指標？因為保險公司是一間非常巨額的投資公司，收了保戶的錢之後，即將這些資金投入市場做投資。正常的狀況之下，保險公司的自有資本跟它運用的投資部位相比，是少非常多的，通常都是自己出1，保戶出20以上，如此的比例，槓桿倍數超過20倍以上。

所以只要市場遇到風暴，保險公司的自有資本很容易就不足，2008年AIG就是因為投資失利，最後由美國政府出面救市。而AIG的子公司一南山人壽，也就是在當時決定出售給潤泰集團，因此南山人壽可以視同為兩家不同的公司了！

我們只需要根據金管會訂定的規則，壽險業的「預警指標」：「資本適足率（RBC）」與「淨值比」來觀察即可。若是「資本適足率」低於200%，而且「淨值比」低於2%，金管會就會要求該公司立即改善。

另外金管會主委顧立雄表示，若資本適足率（RBC）在250％以上的公司，會讓金管會「更覺安心」，但若長時間在200~250％之間，且淨值介於2~3％左右，只要市場一波動，指標就跌到「邊緣」的公司，那這些公司「就值得關注」。

在此，我們運用2018年年底的資訊，整理成表1-3給大家參考，並提供目前要關注的保險公司名單。

我們清楚看到，根據金管會主委顧立雄的標準，有4家保險公司值得我們注意：新光人壽、宏泰人壽、三商美邦人壽、南山人壽。儘管市場總是瞬息萬變，只要我們隨時關注保險公司的財務狀況，不要購買金管會主委顧立雄口中所說的關注名單，應該可以較為安心且較有保障！

表 1-3 金管會預警指標下各保險公司狀況

	序號	公司名稱 依資本適足率排序	資本適足率 200%↓	資產淨值比 2%↓	備註
	1	國際康健人壽	1184%	31.6%	
	2	合作金庫人壽	1098%	15.0%	
	3	法國巴黎人壽	786%	27.6%	
	4	保誠人壽	493%	9.7%	
	5	全球人壽	426%	2.5%	
	6	第一金人壽	407%	6.4%	
	7	友邦人壽	381%	5.5%	
	8	安達人壽	369%	22.0%	
	9	元大人壽	366%	4.6%	
	10	安聯人壽	31.2%	18.0%	安全名單
	11	保德信國際人壽	308%	5.0%	
	12	國泰人壽	292%	6.1%	
	13	中華郵政	291%	3.3%	
	14	富邦人壽	278%	5.4%	
	15	遠雄人壽	276%	3.5%	
	16	中國人壽	272%	4.4%	
	17	台灣人壽	268%	3.9%	
250%	18	臺銀人壽	258%	4.6%	
	19	新光人壽	227%	2.6%	
	20	宏泰人壽	225%	1.7%	關注名單
	21	三商美邦人壽	218%	2.4%	
200%	22	南山人壽	215%	3.3%	

資料來源：各公司財報
統計至 2018 年底

保單規劃怎麼做？

在精細的選擇好的保險公司之後，我們就要開始規劃保險了！但要如何規劃，對自己才是最有利的？可以較低的保費買到足額且較高的保障，你必須先了解保險，做好基本功。

身為 CFP 認證國際理財規劃顧問，保險是人生中非常重要的一個財務規劃議題，針對每一個不同資產的狀況，會有不同的規劃方式。我將個人財務狀況分類為 3 個時期：儲蓄投資期、資產增長期及資產保全期，這 3 個時期所需求的保險商品都不盡相同，目標也不相同。

大致上每一階段，保障型保險的重要性會隨著資產的漸漸成長緩慢地降低，但是傳承與資產保全的商品就會越來越重要，現在就帶大家來看看各時期的財務狀況所面臨的問題，還有所需要的保險。

不同時期應有不同的保險規劃

儲蓄投資期

尚未有一桶金的時期，家庭即時變現淨資產低於 10 萬美元，我簡稱「儲蓄投資期」，先求轉嫁風險。

為什麼這個時期我們保險的需求主要落在轉嫁風險呢？以癌症為例子，癌症可怕嗎？但是癌症是每一個人都需要面對的疾病之一。根據《科學人》雜誌的統計，美國女性終其一生有 39% 的機會被診斷出罹患癌症，而美國男性罹患癌症的機率則是 45%。這雖然是美國的資料，但是台灣也不遑多讓，台灣癌症已經多年蟬聯國人 10 大死因的榜首，癌症是我們不得不面對的問題。

假設一位正處於財富累積期的人得到了癌症，請問他的口袋裡只有不到 300 萬台幣的錢，這時候的他財務狀況足以讓他安心養病嗎？首先，它必須面對的就是，生病之後收入銳減、支出大增的情況，300 萬很快就會隨著標靶藥物、醫療用品、生活支出等消耗被侵蝕殆盡，根本不用談退休規劃等議題了。

在淨值低於 10 萬美元的族群，他們的財務風險極大，面對不可抗力的疾病與意外之抵抗能力都極弱，因此，這一族群的理財 3 大任務（保險、投資、稅務），以保險最重要。順序為保險＞投資＞稅務。

資產增長期

隨著財務漸漸地成長，淨值超過 10 萬美元，但是低於 100 萬美元，這個階段我歸納為「資產增長期」。

這個時候，我們在面對一些風險時，也漸漸有了抵抗能力，並且我們的資本可以產生一些報酬率，讓我們除了正職的工作收入之外，被動的收入也漸漸地有所增長。

以 10 萬美元為例，假設我們投入報酬率 5% 的固定收益類商品，這個商品可以每年帶給我們 5,000 美元的現金流，相當於每個月多了 1.5 萬台幣的被動收入。如果規模更大，來到了 30 萬美元，這個數字更是提高到 4.5 萬台幣的被動收入。

這一個財務階段的人，保險也是佔了一個非常重要的地位。

因為這一階段如果遇到了風險，雖然有抵抗能力，但也不是完全不畏懼的。這是所有人都可能遇到的狀況：失能與長照，即使我們的資金已經成長到 30 萬美元，近千萬台幣的水平準，面對長照的狀況，這 30 萬美元也似乎很難以支應長照的超高額支出，以及心理的壓力。

表 2-1 長照支出計算表

支出	內容	費用	費用 /每年
食	營養品與食物（含照護人員）	2萬 /月	24萬
衣	紙尿布、衛生醫療耗材	1萬-2萬 /月	18萬
住	每月房租 2萬 *12	2萬 /月	24萬
	電動床	3萬-5萬	一次性
	特殊衛浴設備，無障礙坡道等等	30萬~50萬	一次性
行	輪椅，去醫院車資	1.5萬 /年	1.5萬
照顧費用	外籍專人看護	2.4萬 /月	28.8萬
每年費用	基本開銷	合計	96.3萬

資料來源：作者提供

即使我們的資金水位來到了 30 萬美元，面對極端的風險仍尚嫌不足，因此這一時期的規劃重點是保險＝投資 ＞ 稅務

資產保全期

最後，若我們非常幸運的達到淨資產 100 萬美元以上的數字，便是進入到了「資產保全期」這一個階段。

100 萬美元可以做什麼呢？以固定收益 5% 來計算，100 萬美元表示一年可以增加 5 萬美元的年所得，相當於 150 萬的台幣，約當 12 萬台幣一個月。這代表我們生活的基本所需，都可以透過被動收入來達成，並且資產的部位也足以讓我們抵抗風險。這個時候保險規劃的重點，就在於把資產保全與傳承給下一代。

圖 2-1 正確的保險規劃可幫助財富傳承

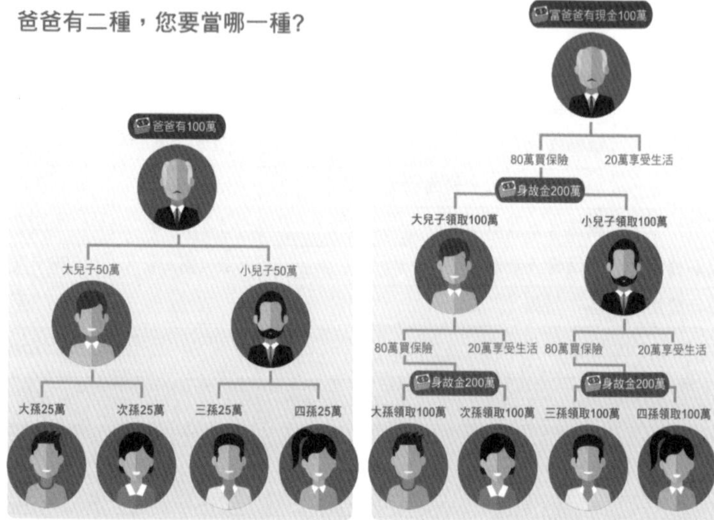

資料來源：友邦人壽

我用圖 2-1 來表示這樣的狀況，以正確的規劃來協助財富傳承，財富才能長長久久，並且給家人祝福。財務的每一個階段，都有適合且需要的保險商品。

保險業務員與保險經紀人差很多？

正常的情況下，大家能接觸到的保險商品與保險業務人員並不多，因此多數人買保險都是因為鄰居或是家人的某某某做保險，就將保險規劃的重責大任交給了鄰居、朋友或是親戚等業務人員。在我處理許多保單健診的經驗過後，發現只要是向有關係的人買保險，通常特徵都是保費相對貴，但是保障相對不足，因此建議尋找業務人員的時候，最好還是三思而後行。

如果是單一保險公司的業務人員所規劃出來的保單，大致上就是以所屬保險公司的各種配置來達成保障的目的，可惜的是每一家保險公司都有它商品的強項，相對的，也都有弱項，因此如果只有單一保險公司當作平台，客戶比較難在一家保險公司就買到市面上相對比較便宜、條件又比較優質的保險。

我曾經在保險經紀人公司擔任過業務人員，可以接觸到多家保險公司的商品，所以個人比較偏好保險經紀人公司能銷售大多數保險公司發行的保險商品，並替客戶量身打造專屬於他的保險，使用市面上相對好的保險。

何謂保險經紀人？係指基於被保險人之利益洽訂保險契約或提供相關服務，而收取佣金或報酬之人，其是保險輔助人的一種。CFP 雖然不是保險經紀人，但也是秉持著相同的概念替客戶服務，因此我比較喜歡跟保險經紀人公司合作。

由於保險經紀人公司可以代理國內多家保險公司的商品，在規劃上比較彈性，可挑選各家保險公司中相對業界中較強的商品，對於需要協助客戶精打細算的 CFP 認證國際理財規劃顧問來說，有更多的有利工具可以使用。單一保險公司比較難買到完全符合需求的保單，因為每家保險公司都有自己

圖 2-2 保險經紀人司之業務人員與一般壽險公司之業務人員的差異

	保經 業務員	一般 業務員
所屬公司	OO 保險經紀人 股份有限公司	OO 人壽保險 股份有限公司
可販售	多家保險公司商品	自家保險公司商品 （ex: 富邦業務員只賣富邦的保單）
繳保費 / 保險內容	兩者相同，只要是相同保單，保費、保障內容皆相同	
理賠 / 服務	兩者相同，皆可處理理賠、後續保險服務	
若業務員離職	兩者相同，皆由主管或其他同事接手服務	
其他差異	保經業務員可以組合多家公司商品 有時能搭配出較有競爭力的保單	國泰/三商美邦/南山等公司，因自家業務員人數眾多 並沒開放商品給保經業務販售
	保險本質是在於你與保險公司之間的「合約」 因此無論哪一種業務員都只是幫你與保險公司聯繫的橋樑	

資料來源：MY83 保險網

的強項或主打商品，即使是類似的商品，裡面的費率與條款也會有所不同，此時如果讓單一保險公司的業務用他能賣的保單做規劃，很可能會買到一流的壽險、二流的醫療險，比較難替客戶同一時間用比較便宜的保費，買到保障相對高或是條件比較好的商品。

但雖然保險經紀人能選擇的商品較多，不代表保險經紀人賣的商品一定能符合客戶的需求，所以建議仍需要視保險顧問是否能探尋客戶自己的需求，並且按照客戶的財務狀況規劃正確的保單給保戶而定。

事前做好基本功

一個嚴謹的保險計畫，第一要先知道自己的收支狀況與資產負債狀況，然後設計的核心在於較低的保費、較高的保障，以及足額的保險。

另外，我們要先了解幾個重要的名詞代表的意義，因為各項保險規劃的重點不一，我們應針對需求而有所增補。

一、壽險：無論疾病或意外身故時，保險人即理賠壽險保額的金額。

二、重大傷病險：只要取得全民健保局重大傷病卡資格，即可向保險人申請保額的理賠。

三、重大疾病險：符合保單條款所載明之重大疾病資格，即可向保險人申請保額的理賠。

四、癌症險：只要符合癌症以及因癌症而去醫療機構做醫療，即可依照保單條款內容向保險人申請理賠。

五、失能險：因為疾病或意外造成失能的狀況，即可向保險人申請保險給付，其可分為一次性給付與月給付。

六、實支實付醫療險：因疾病或意外住院，超過全民健保給付之外的項目，可依照醫師診斷證明與收據向保險人申請理賠。

七、日額型醫療險：因疾病或意外住院，依照醫生證明的住院天數向保險人申請日額給付。

八、意外險：因為意外造成殘廢，按照殘廢等級向保險人申請理賠。

九、意外實支實付險：因為意外造成的醫療行為，向保險人申請理賠。

十、要保人豁免保險：因疾病或意外造成要保人無法給付保險費給保險人，由要保人或及代理人向保險人申請。

人生有生、老、病、死、殘等風險，這風險分別來自於疾病或者是意外所產生，而發生生老病死殘這樣狀況的時候，通常會造成金錢損失，以致於影響到家庭財務狀況產生壓力，而保險能做的就是理賠金錢，讓整體家庭因為生老病死殘發生時所造成的工作損失、照護費用、醫療支出、安養費用，都能夠獲得金錢上的補貼。

當然我們都希望永遠不要遇到保險事故，更希望無論發生什麼保險事故我們都能夠不畏懼，勿恃敵之不來，是吾有以待之，因為我們在事前的規劃已經做好準備了，即使遇到了保險事故，至少在金錢上能夠足夠，不畏懼風險。

在生、老、病、死、殘這幾種狀況之中，我將之分類為4大類險種來規避這樣的風險。保險的目的就是拿來保障你承受不起的損失。

醫療：

健保不給付的自費藥物，或是自費醫療器材所需要的費用，你承擔得起嗎？最新型的達文西手術，一台刀動輒20萬起跳，而且健保不給付，我認為：實支實付醫療險雜費項目至少需要 20 萬元以上才足額。

重大疾病：

罹癌後，能隨時拿個百萬出來以備醫療支出嗎？尤其是標靶藥物的花費非常驚人，光一個療程都是百萬以上！我認為：重大傷病卡與癌症險的總和額度需 200 萬元的保額才足夠。

身故：

如果遇到家庭支柱遇到疾病或意外而身故，家中的房貸、車貸以及長輩的生活費、小孩的扶養費該怎麼辦？這時壽險需按照負債與支出狀況做好規劃，一般人約需要 500 萬，甚至是更高的保額來規避風險。

失能：

萬一不幸殘廢了，更不幸的你還能活很久，每月的看護費誰出呢？而且失能發生時，不只是自己本身受到影響，還需要有人看護、有人照顧，家人損失的薪資收入該怎麼填補？我認為：1 個月的失能金需超過 6 萬元，這才是一個足夠的額度；並且用相對低的保費買到最完整的保障。用剩餘的錢去投資，然後加速資產的累計，直到財富自由為止（我認為這個數字是台幣 3,000 萬以上），這才是一個完整的財富管理與保險規劃！

保障型保單：車險如何買？買什麼？

開車還需要買保險，你是否覺得很麻煩呢？真的有其必要性嗎？什麼強制險、車體險、第三人責任險…，種類眾多，到底該怎麼買比較好？還是隨便買就可以了呢？

每次遇到事情，大家的第一句話都是：「你有買保險嗎？」

我記得多年前的某一晚，表哥說如果不會發生車禍的話，每年都只買強制險就好了，可以把省下來的保費拿去修車，或當作是換新車的準備金，當時我還是小小的業務人員，月薪不過 30K，年薪不到 50 萬，每年 1 萬多的車險真的不是一筆小的開銷，因此表哥的一句話打動了我，隔年我便沒有買強制險以外的車險了。

但天不從人願，一年多後，開車時因為手機響，一時間沒有注意到前車狀況，煞車不及直接撞上前面等紅燈的休旅車，我的車頭毀損，對方的後保桿也毀損，而最糟糕的是對方車上的長輩，因為撞擊的力道，用手去撐前面的座椅，導致右手骨折。除了要賠償對方的財損之外，還有漫長的醫療理賠，以及自己的汽車修理費用。

這下糟糕了，因為聽信表哥的話，我除了強制險之外，沒有其他的保險……，最後帳單揭曉：

- 我個人的汽車修理需要 5 萬元
- 對方的休旅車後保桿整體修理與復原需要 2 萬元
- 對方的長輩骨折住院療養與骨折出院後的療養金 3 萬元

加上這段時間，彼此雙方因為車子修理期間增加的交通成本以及時間，算算真是損失慘重。

這一次的意外，讓我當時存下來的 10 多萬元一次化為烏有。假如當時我持續地買正確的保險，那麼這一筆 10 多萬元的開銷就會完全由保險公司吸收，我也就不會付出這樣大的代價。

車險是大家生活中一定會遇到的議題，但是車險的名詞多如牛毛，該如何規劃呢？在這之前 除了會看到我自己的狀況之外，再多舉幾個社會上實際發生的案例吧！試想如果是我們遇到這樣的事情，那該怎麼辦呢？

車險的原則一向是保大不保小，下面這幾個事件相信沒有人會想遇到，但是我們不能因循苟且，反而應該要更積極的去用保險規避這種負擔不起的風險與責任，並且有些責任可能是對方造成的，但我們還是得付出金錢。

狀況一 撞癱別人：判賠 1,965 萬元

薛姓台大研究所畢業的高材生，騎機車行經宜蘭五結鄉利成路時遭違規小貨車撞上，造成他下肢癱瘓，薛男向小貨車求償，宜蘭地院判肇事駕駛必須賠償 1,965 萬元，而以主計處公布的台灣 106 年薪中位數 47 萬元來算，肇事駕駛至少不吃不喝 41 年才能付完賠償金。判決書指出，106 年 9 月 7 日早上 7 時許，肇事駕駛吳姓男子開著小貨車前往蘇澳送貨，行經路口時未打方向燈，突然從快車道右轉，造成後方騎乘機車的薛男閃避不及，撞上小貨車，導致脊髓嚴重受損合併下肢癱瘓等重傷害。事發後，吳男坦承自己是肇事者，願意接受裁罰，法院依業務過失傷害罪判處吳男 4 月徒刑，可易科罰金。吳男年約 30 歲，平時從事家禽販賣，薛男則是台大研究所畢業高材生，在宜蘭一間科技公司上班，車禍造成薛男下肢癱瘓，生活及工作受到嚴重影響，他提出刑事附帶民事賠償，以醫療看護、工作損失及勞動力減損等費用，向吳男求償 1,965 萬餘元，並按年利率 5% 計算利息。宜蘭地院調查，吳男未依規定打方向燈、直接從快車道右轉，車禍責任明確，而面臨高額賠償金，吳男出庭時也未表示其他意見，地院認為薛男請求有理，應予准許。

狀況二 遇到三寶無肇事責任，但還是被判賠

挨撞還要賠償百萬？台中 1 名游姓小姐 2 年前開車時，被騎車闖紅燈的阿伯當場撞上。事後，阿伯不幸身亡，而車禍事件送交通事故鑑定委員會鑑定，也確定游小姐無肇事責任，未料家屬提告後，台中地院一審判游小姐過失傷害，得拘役 50 天，並賠償 169 萬元。

原文網址：遭闖紅燈騎士撞上！女駕駛「零肇責」反被判賠 169 萬 | ETtoday 社會 | ETtoday https://www.ettoday.net/news/20170502/915463.htm#ixzz5q8Ew60rn
Follow us@ETtodaynet on Twitter| ETtoday on Facebook

狀況三 撞到名車，賣腎可能都還不起

最悲傷的事情莫過於 ... 撞到超跑名車！今天上午，一位年僅 20 歲的少年，因為精神不濟，竟駕駛小貨車連撞 4 台法拉利，消息一出，網友們紛紛留言表示哀掉，認為這下子恐怕連賠 2 顆腎都不夠。也有車行師傅表示，光是一台法拉利的維修費用恐超過百萬以上，而 4 台法拉利超跑加起來，費用恐超過 500 萬元，費用十分驚人！現今馬路上時常能看見名貴超跑，一旦碰撞，可真是嚇壞人。

好了，回到正題，如果是我們遇到這種狀況，我們會希望有一個人適時的伸出一隻手跟我們說，錢的事情沒問題，我們包了。當然這種狀況不會憑空發生，只有買了正確的保險，才能無懼上面這 3 種狀況了。表 3-1 為圖解各種車險的理賠範圍。

表 3-1 各種車險之理賠範圍

	我方				對方			
險種	醫療	死殘	車體損失	車體與零件	醫療	死殘	財物損失	建議額度
強制險					○	○		基礎保障
車體險			○					新車乙式，舊車丙式
竊盜險 /零件險				○				新車即可
駕駛人傷害險/體傷與死殘	○	○						建議大於 300萬
乘客險 /體傷與死殘	○	○						建議大於 300萬
第三人責任險/體傷與死殘					○	○		建議大於 300萬
第三人責任險/財損							○	建議大於 20萬
第三人責任險/超額					○	○	○	建議大於 1000萬
第三人責任險/殘廢增額						○		建議大於 1000萬
代步車險								因車損壞，理賠金錢租賃汽車代步
拖吊車險								因車損壞，理賠金錢拖吊汽車

資料來源：作者整理

介紹車險，一定得先認識一些專有名詞，主要有以下幾項，為你一一解析。

強制險

強制險是每一輛車應該具備的基本保險，主要的目的是為了保障因車禍事故導致對方體傷與身故而有的保險。這一保險是最基礎的，而且裡面的額度絕對不足以涵蓋重大的風險，因此我們需要認識它，然後請專業人員規劃完整的險種，讓我們行得安心。

主要理賠的項目：

❶急救費用：指救助搜索費、救護車及隨車醫護人員費用。

❷診療費用：須檢具診斷證明書、就診醫療機構出具之醫療費用收據，如為影本，應加蓋與正本相符及醫療機構收據專用章、相關支出憑證，上限20萬元。

❸接送費用：指受害人於合格醫療院所，因往返門診、轉診或出院之合理交通費用。（上限2萬元）

❹看護費用：指受害人於住院期間因傷情嚴重所需之特別護理費及看護費等。

❺殘廢給付：殘廢程度分為15等級200項（強制汽車責任保險殘廢給付標準表），金額從5萬元至200萬元不等。若受害人同時有相關之醫療費用可一併申請，合計最高220萬元為限。

從上面的理賠項目我們可以知道：如果我們只有投保「強制險」，保障是嚴重不足的，因為理賠的金額跟額度都少，再看看上面的3個案例，不能撞到車體或其他財物造成對方的財物損失，更遑論因為不小心撞到進口的名車，造成天價的賠償，因為強制險不理賠。因此強制險只是視作為一個基本的保障，我們還是需要其他險種的輔助。

車體險（甲、乙、丙）

車體險的理賠主要針對自己車體的損壞，還有發生的原因作為理賠。車體險主要分為 3 種，根據保障範圍而有所不同，並且保費也相差甚多。

我非常推薦只要有車，應該都需要買這個險種，除非車子非常的陳舊了，即使外觀損失也無所謂。並且除了它的保障範圍之外，這是當我們遇到事故（無論肇事責任為何）能夠快速進場把愛車維修好的險種。

經驗分享：

前陣子我車停在路邊時，被一台倒車的休旅車撞倒了，造成車燈、水箱、保桿等破裂，但因為附近沒有監視器，當時行車記錄器也是關閉的狀態，因此無法舉證我是靜止狀態，因此對方的保險公司就開始盧肇事責任了，而我也是無辜的受害者，我直接出險（車體險）快速將我的愛車修理好，並且讓保險公司代位求償，無需理會對方的盧，節省我們的時間與修車的等待期間，也無需理會對方的騷擾，省事省心省力！表 3-2 為車體險的整理。

富邦產險也出示一個簡易分辨的圖表。

表 3-2 車體險（一）

險種	甲式	乙式	丙式
保障範圍	車碰車 一、碰撞、傾覆。 二、火災。 三、閃電、雷擊。 四、爆炸。 五、拋擲物或墜落物。 六、第三者之非善意行為。 七、不屬本保險契約特別載明為不保事項之任何其他原因。	車碰車 一、碰撞、傾覆。 二、火災。 三、閃電、雷擊。 四、爆炸。 五、拋擲物或墜落物。	車碰車
範圍	大	中	小
保費		中	便宜

資料來源：作者整理

表 3-3 車體險（二）

承保內容／險種	車對車碰撞	車對物碰撞、傾覆	火災、爆炸、閃電、拋擲物、墜落物	第三人非善意行為、其他不明原因
甲 式	O	O	O	O
乙 式	O	O	O	—
丙 式	O	—	—	—
汽車限額車對車碰撞	O	—	—	—

資料來源：富邦產險網站

身為一位專業顧問，非常在乎一個商品是否能協助我們達成用相對便宜的保費完成一個相對高的保障。

以車體險 cp 值來說：丙式 > 乙式 > 甲式

丙式：5,000 到 3 萬。

是最划算的車體險，因為真正要負擔高額維修費都是在與車輛碰撞、擦撞之時，而不是一般在路邊的小刮傷，因此車體險中，我最推薦的就是丙式了，8,000 元左右保費，最高可賠到 80 萬。

乙式：3 ~ 8 萬。

很適合新手駕駛的險種。乙式與丙式的差別在於，乙式多了火災以及車輛以外的碰撞，例如自撞路燈、牆壁或是爆衝等匪夷所思的駕駛情況，並且遇到碰撞、傾覆都會造成車體的大損傷與高額的修復費用，加上有時候會連「不明車損」都賠，以及幫你在保險到期時重新烤漆，但在烤漆後犧牲的當然是個人的「風險係數」提升、續期保費增加。

甲式：5 ~ 20 萬。

最貴，也是保障最完整的險種，因為多賠了第三者非善意行為、不明車損，不過基本上都是小傷（例如被失心瘋的人刮到，或是遇到街頭鬥毆被誤傷），且不明車損在理賠時是完全合法的，只是保費非常非常的貴，所以 CP 值低。

甲式的特點在於除了乙式的所有內容之外，還額外增加了包含不明人士或不明車輛造成的毀損皆可理賠的條件，我認為除非開的是進口高級轎車，不然個人建議購買乙式或丙式的車體險即可，因為省下來的保費足以讓我們做全車烤漆、板金了。而且特別注意的是，台灣常發生的颱風淹水不在保障的範圍之內喔！

竊盜險／零件險／免折舊條款

竊盜險是萬一遇到車子被偷了，最後保險公司負責理賠竊車的損失，自負額分為 10% 或 20%，自負額高，保費就會相對便宜。只是竊盜險的保險對象是汽車主體，不包含零件，因此零件失竊是不予理賠的。因此，純粹只有竊盜險遇到車內影音設備被偷，這也只能摸摸鼻子，自認倒楣了。新車通常除了擔心被偷之外，通常還會加買零件險，以避免新的影音設備，還有零件被小偷順手偷走了。

經驗分享：

竊盜險跟車體險一樣，都會按照車輛出廠年分折舊，因此車齡超過 5 年以上就沒有投保的意義，相對保費比較低，若是新車可以考慮購買此險種。

也由於車體險與竊盜險每個月都會按照比例折舊，因此理賠金額會隨著時間而慢慢遞減，但是若投保時附加免折舊附加條款，則依然可理賠原保額100萬再扣除自費額10%給付。此一險種適合新車投保，並且投保時一定要記得增加免折舊條款。

第三人責任險

因為「強制險」保障不足、保額低，強烈建議大家一定要投保第三人責任險，因為這一個險種如果買得好，可以讓我們避免掉非常多的麻煩事以及民事訴訟的時間，因為保險公司在範圍內會合理給付給車禍受害者，如同上面所舉例的3種狀況，只要透過第三人責任險轉嫁風險，這樣就不用擔心遇到事情了。

而什麼是第三人責任險？第三人責任險是針對自己車子以外的所有人、事、物的損害，只要歸咎於被保險人應該付出的賠償責任，在額度內判賠多少就會給付給對方多少。額度的部分分為「人身傷害（醫療、死殘）」、「財物損害（財損）」、「事故總傷害」3種。

第三人責任險中「人身傷害（醫療、死殘）」

指的是因為車禍事故造成對方體傷、死亡、殘廢所花費的醫療費、交通費、看護費、精神撫慰金、薪資補償、喪葬費用或是任何可依法求償的費用。因此，這個險種即是遇到事情造成對方身體傷害時，賠償對方損失的險種。例如：因為不注意撞到路上的行人，造成對方頭破血流需要去急診，這期間所有的醫療費用、救護車等相關費用，超過強制險理賠的部分即回由第三人責任險來理賠。

第三人責任險中「財物損害（財損）」

指的是因為車禍事故造成對方車輛損失、固定資產的損失或是其他任何產物上面的毀損，進而要回復原狀所產生的運費、修復費用。例如：因為不注意撞上別人停放在路邊的機車、汽車時，第三人責任險的財損這時候就會在保障限額內理賠給對方（需要折舊）。

經驗分享：

若有投保「超額責任險」者，「財物損害（財損）」這一項可以降低保額到基本承保額度即可。

第三人責任險中「事故總傷害」

指的是如果不只一位受害者（或受害物）時，累積給付的最高總額。

但是假設遇到事故一二三這種超額度的理賠，我們又該如何規劃？以下這兩個險種，則是車險中最重要的險種。

第三人超額責任險

跟第三人責任險一樣，是最最最重要的險種，保障範圍與第三人責任險相同，都是針對他人的傷害、死亡、殘廢、財損等做出理賠，並且將「人身傷害（醫療．死殘）」、「財物損害（財損）」、「事故總傷害」3 種額度加總計算。它有個強大的優點，就是保費便宜、保費便宜、保費便宜，因為很重要，所以要說 3 次。

一般來說，將保障拉高到理賠總額 1,000 萬的超額責任險，一年保費卻僅只要 1,000 多元，是保障非常高、保費便宜的險種。

理賠方式是強制險先理賠，不足再由第三人責任險理賠，不足再由「超額責任險」理賠，因此投保 1,000 萬保障，則不慎致人於死或殘廢 3 個險種最少合計可理賠 1,300 萬以上。

第三人責任險殘廢增額附加條款

這是針對因為車禍事故導致他人殘廢時，額外增加理賠額度，因為殘廢的判賠金遠比死亡還要驚人，如同我們的案例一：撞癱台大高材生判賠 1,965 萬元，遇到這種狀況時該怎麼辦？這時如有投保第三人責任險殘廢增額附加條款，即可發揮它的功能了。

天有不測風雲，人有旦夕禍福，這也是我建議要投保的險種，通常「殘廢增額」投保金額 2,000 萬，保費僅幾百元而已，這也是非常重要的避險保障。

車險該如何規劃最好？

表 3-4 車險規劃建議

主險	投保險種	保額
強制險	A 強制險主約（必備）	基本200萬
第三人責任險	B-1任意第三人責任險主約（必備）	一人200／
		一事故400／
		財損30
	B-2超額責任附約（必備）	1000萬
	B-3殘費增額附約（必備）	2000萬
	B-4乘客險附約（常載他人者選購）	建議300萬
	B-5駕駛人險附約（每天開車者選購）	建議300萬
	B-6酒償險附約（有喝酒習慣者必買）	
竊盜損失險	C竊盜損失險（新車必備）	車價殘值
	C-1全損免折舊附約	車價殘值
	C-2代車費用附約（家中沒替代交通工具者選購）	1000元30天
	C-3零配件被竊損失附約（進口車款選購）	原廠零件、免自負
車體險	D車體險丙式主約（必備）	車價殘值
	D-1車體險乙式主約 ※主約乙式與丙式選一種即可	車價殘值
	颱風積水險附約（車位常淹水、颱風重災區者選購）	車價殘值
	代車費用附約（家中沒替代交通工具者選購）	1000元30天

資料來源：作者整理

我建議兩種經典的車險規劃：

❶ 預算型的車主至少需要 A + B-1 + B-2 + B-3

強制險 +「第三人責任險」（額度足以啟動）+「超額責任險」1,000 萬 +「殘廢增額附加條款」2,000 萬

以上規劃是假設以百萬名車計算，一年保費低於新台幣 1 萬元整，保障足夠，但缺點是自己的財產以及人身，相對是沒有保障的。

❷ 一般型的車主規劃 A + B-1 + B-2 + B-3 + C + C-1 + D

強制險 +「第三人責任險」（額度足以啟動）+「超額責任險」1,000 萬 +「殘廢增額附加條款」2,000 萬 + 竊盜損失險 + 免折舊 + 丙式車體險

以上規劃是假設以百萬名車計算，一年保費約當新台幣 2 萬元整，保障足夠，但是保費相對精省。

以上兩種經典規劃，如果真的不小心遇到狀況時，是否真能抵抗風險呢？現實生活中，我們常看到名車在路上跑，萬一真的不小心如下圖新聞中跑車、嬌貴名車、計程車撞在一起，這時該怎麼辦？

假設後方車輛全肇事責任，並且假設法拉利車主沒有受傷，按照正常的估價，法拉利的車尾這一修理，隨便都要 200 萬 ~ 500 萬起跳。首先，第三人責任險（財損）會理賠法拉利車主 20 萬的財產損失，但因為 20 萬根本不夠理賠給法拉利

車主的修車費，這個時候就會啟動第三人「超額責任險」1,000萬，把修車的500萬扣除第三人責任險（財損）理賠的20萬，剩餘的480萬全部打包。

但是萬一發生這樣的慘況，沒有保足額的超額責任險，那麼很可能做牛做馬一輩子，也未必賠得起了。

另一假設，如果我們撞攤騎士，我方必須負擔全數的肇事責任，判賠台灣歷史上最高價3,134萬元，這樣的車險規劃足夠賠償嗎？

首先，強制險會賠償給對方20＋200萬，第三人責任險（死殘）會理賠給對方400萬的全殘保險，其餘不足額的部分會由：第三人責任險「超額責任險」1,000萬＋第三人責任險「殘廢增額附加條款」2,000萬，將剩餘不足額的2,580萬全數給付給對方。

因此，遇到如此極端的車險理賠與給付，我們必須要準備「第三人責任險」＋「殘廢增額附加條款」＋「超額責任險」，這樣上路才安心而不畏懼風險。

總結，第三責任保安心，超額責任防萬一，殘廢增額真給力，三項合一，行車安心。

4

保障型保單：壽險家庭責任的計算

人生總是充滿風險與意外，沒有人能夠保證平平安安的活到終老，保險就是萬一遇到事故發生，導致整個家庭受到影響，例如家庭經濟支柱身故，或是開車撞到他人的賠償責任，甚至是家人發生重大疾病或殘廢，這些不是一般人可以輕易承擔的風險時，預先做好準備。簡單說，保險做的就是風險管理。

什麼樣子的風險需要管理？

發生擦傷，只要擦藥就會好的風險需要管理？

發生感冒，要去醫院看病，花掛號費200元的風險需要管理？

發生扭傷，去外科擦藥並且復健，花掛號費500元的風險需要管理？

還是遇到重大疾病（癌症），必須暫時停止工作，並且花費百萬以上的醫療費用的風險需要管理？

遇到重大車禍，導致身體機能永久減損，並且終身需要他人照護的風險需要管理？

遇到天災人禍，導致提早去跟上帝喝咖啡，並且留下少妻與幼子的風險需要管理？

你需要買人壽保險嗎？

風險管理的原則，最重要的核心內容之一，就是保大不保小，誠如上面連續的問句中我們發現，擦傷、感冒、扭傷這些日常生活中發生頻率很高的事情，其造成的損傷很有限，或是我們可以承擔得起這類型的風險，所以面對這樣的風險事件，我們可以選擇風險自留。

但是如果發生重大疾病、身故、失能、重大醫療等相關風險，而我們的口袋不夠深，無法承擔這樣的風險時，那麼我們就有必要針對這類型的風險做規避。壽險就是針對上面關於身故這一項風險，必須要做規劃的一個重要環節。

社會上常見的突然身故有以下幾種類型：

猝死

現代人生活緊湊，即使很疲憊，還是會滑個手機再睡覺，但長期的習慣可能會危害到生命。一名媽媽每天晚上照顧完兩個孩子後，凌晨一兩點就躺在床上滑手機，常常滑到通宵，沒想到這樣小小的習慣竟造成無法挽回的事。

某日婆婆去房間叫她起床吃飯時，喊了兩聲後卻發現媳婦還是一動也不動，婆婆覺得事態不妙，走近一看，發現她躺在被窩裡，眼睛還盯著手機的淘寶頁面，婆婆的手一摸，她身體已經沒有溫度，也僵硬了。

過勞死

就讀高雄醫學大學七年級的學生，在值班 36 小時後回到宿舍休息，卻在隔天清晨被室友發現倒在浴室，已經沒有呼吸心跳，急救後仍回天乏術。

意外身故

例如北捷殺人事件，偶遇瘋狂的人，結果就身故了，其中一位死亡的爸爸，女兒還才剛出生而已，令人不勝唏噓。

這些身故事件都不是當事人所願意發生的事情，但是我們是人，無法預知明天先來，還是無常先來。因此，我身為 CFP 認證國際理財規劃顧問，要跟大家分享，無論是明天先來，還是無常先來，我們都要做足準備，不畏懼是明天先來，還是無常先來，這樣才是最佳的狀態。

而我們看到了上述 3 個無常的例子，面對這種人生未知的茫茫然，能替自己先做什麼準備呢？壽險，就是針對這樣事件而產生的險種。

保險最早的發展，也是因為壽險。最早的保險可以追溯到羅馬時代，一個叫做「Collegia Tenuiornm（互助協會）」的宗教組織。當時加入組織的會員們必須繳交定額的入會費，萬一意外死亡時，他的遺族可以領到一筆葬儀費用。

首先，我們就來看看壽險的定義：以人生命作為約定，繳付保險費給保險公司，遇到被保險人壽命終止或是全殘時，保險公司會負擔給付保險金的責任。簡單來說，就是如果無常先來了，那麼我們有買壽險的時候，保險公司就會負責給付保險金給遺族。無論是因為上述哪一種案例，過勞、意外或是猝死，保險公司都會理賠，給家人一些金錢上面的保障，讓我們即使遇到無常，也可讓家人在金錢上面沒有後顧之憂。

多少的保額才算足夠？

但是該怎麼計算我們需要多少的壽險保額呢？在此提供一個公式：

家庭責任＋負債總額－資產淨值

一個人的身上總是有很多的責任，照顧父母的責任，照顧小孩的責任，照顧配偶的責任，照顧家庭的責任，還有要負責賺錢養家，並且償還負債的責任等。因此，壽險最重要的功能就是傳遞愛與責任。

因為有愛不願意讓家人因為無常而受到傷害，所以用保險金的理賠來填補一些損傷，保險能做的不是替我們承擔責任，照顧一家老小與負擔債務，而是因為無常來的時候可得到一筆金錢，以填補一些愛與責任的缺口。人的生命無價，雖然金錢無法完全彌補傷害，但是能因為金錢讓傷害降低一些。

我就以一位 CFP 前輩自身的經驗，來跟大家說明愛與責任的計算，負債有多少，壽險就要有多少；責任有多少，壽險就要再增加多少，因此它的計算方式很簡單。

例如：個案本身有 800 萬的房貸，因此他買了一張保額 800 萬 20 年的定期壽險。並且在娶妻的時候，加買一張 500 萬 20 年的定期壽險；第一個小孩出生的時候，再加買了一張 300 萬 20 年的定期壽險；第二個小孩出生的時候，再加買了一張 300 萬 20 年的定期壽險。他的愛與責任讓他增加了 1,900 萬的定期壽險。

為何房貸與負債也要納入壽險保額的計算呢？買房子時大家都很開心，但是別忘了在房貸繳清之前，房屋的實質所有權人還是銀行，萬一經濟支柱倒下，請問房貸要不要付？如果答案是要的，請問錢從哪裡來？因此，我們就必須替這個承擔不起了的風險做規劃，因為萬一我們沒有規劃這一項風險，當事情發生的時候，會有什麼狀況發生呢？房屋因房貸繳不出來，可能會被銀行法拍，家人就必須被迫去找其他房子或是租屋，所以這是一個非常重要的環節，不能漏掉。

另外，以我近期規畫的案例來說，一個好的全方位理財規劃顧問，必定先行瞭解您資產的狀況，因為無論投資、保險、稅務等規劃，都需要充分瞭解狀況之後，量身訂做的規劃，才能夠精準地完成理財目標。下面即為該案例家庭成員與資產負債的狀況。

這是一個小家庭，育有兩個小孩。

資產與收入狀況如下：

❶ 夫妻年收入約 100 萬，夫約 70 萬，妻子約 30 萬

❷ 有儲蓄險 50 萬（早期買的）

❸ 存款有 50 萬上下

負債狀況：

❶ 房貸 600 萬

❷ 車貸 30 萬

因此我們歸納出：資產 100 萬元，負債 630 萬，負債的缺口大約 –530 萬

按照我們的公式計算：

壽險保額＝家庭責任＋負債總額－資產淨值

家庭責任：一個小孩從小到大學畢業，大約會花費 200 萬元。老婆因為也有工作，但是如果先生發生意外，會讓整個家庭收入大減，支出大增，因此家庭責任我在這規劃 300 萬。

這個案例本身收入的狀況不是非常的寬裕，因此我就家庭責任簡單來說，規劃 500 萬元＋負債 530 萬＝計算出來 1,030 萬的壽險需求。湊個整數，即為 1,000 萬的壽險需求。

這樣的壽險需求，我是透過定期壽險分段買來的。家庭的責任會隨著資產的成長，還有小孩的長大而降低，其實需求是會慢慢遞減的，因此，我透過分段式的壽險規劃來降低總體保費。

第一階段：10 年期的定期壽險，保額 500 萬元

年齡： 35 **歲** [20-65]	**性別：** 男性	女性	**年繳保費 10,900 元**
年期： 10年期	**保額：** 500 **萬** [500-6000 萬]		

資料來源：FINFO 保險網

第二階段：20 年期的定期壽險，保額 500 萬元

年齡： 35 **歲** [20-55]	**性別：** 男性	女性	**年繳保費 15,550 元**
年期： 20年期	**保額：** 500 **萬** [500-6000 萬]		

資料來源：FINFO 保險網

如此規劃之下，總體保額就來到 1,000 萬元，可以合理的規避掉無常的風險。例如萬一失去父親，造成家庭收入減少的缺口，並且獲得 1,000 萬元保險理賠，假設以購買 5% 固定收益產品來說，一年可以產生 50 萬的現金流入，相當於一個月 4 萬多元的收入，可以適時的填補生活支出。

哪種壽險適合你？

說完了壽險的功能之外，我還要跟大家分享一件事情，壽險其實有非常多種型態，如投資型保單、終身壽險，另外還有定期壽險。下面介紹各種壽險的優點與缺點，給大家參考！

有壽險功能的主約有以下幾種型態：

定期壽險：

在約定的時間內，無論任何原因導致的身故，皆能得到約定的保額。其意義是為了保障工作年限內的經濟收入，還有負債的償還。

優點：保費便宜。

缺點：消費性，在保障期間內沒有發生身故全殘，這個錢就消費掉了，無返還所繳保費。

終身壽險：

這是一定會理賠的保險，因為它只保障身故與全殘。人總有一天會死，所以它主要的目的，是為了財富移轉而非給家人保障了。因為在資產淨值超過100萬美元之後，壽險的意義相對不大，而且保險繳的保費也與保額幾乎相等，也就是說所繳保費幾乎等於保額。因此這時候的身故而獲得理賠，意義上比較接近將多年的財富累積指定受益人傳承而已。

優點：不會浪費任何一分錢，很適合傳承用途。並且如果沒有被國稅局以實質課稅原則將理賠金納入遺產總額之下，裡面的壽險理賠金可以免納入遺產總額計算，被國稅局核課遺產稅。

缺點：保費相當的貴。

而我最常使用的壽險，不是上面兩種，而是下面這種保費最便宜，並且保障極高的商品，但它有非吸煙與優體兩種限制，所以購買這種壽險的客戶一定要撥空去體檢，承保的流程比較麻煩。同時因為保費降低之後，業務人員的佣金也相對減少，因此只有少數的人會推薦給客戶這樣的險種。

身為一位 CFP 認證國際理財規劃顧問，我們的目的就是協助客戶完成財富自由，而在財富自由的路上有很多荊棘，我們的專業在於用最低的成本，完成清除路上荊棘的任務，因此這種險種，是我目前規劃壽險保障的主力。

定期非吸煙優體壽險：

在約定的時間內，無論任何原因導致的身故，皆能得到約定的保額。但此種險種一定需要體檢，並且核保嚴謹。

優點：保費是所有壽險中最便宜的，包含比投資型保單的第五回合生命經驗表的一年期定期壽險更便宜。

缺點：保額最低 500 萬元起跳，不能吸菸，不能三高，不能有慢性病史，一律要體檢，並且核保較為嚴格。

圖 4-1 為非吸煙健康體的核保流程。保險公司以 30 歲男性，保額 500 萬為例。

圖 4-2 為 3 種不同險種之保費的比較表，分別為：非吸煙優體壽險、平準型定期壽險、終身壽險（注意：各險種的保費會隨著性別、年齡而有變化）。

這是以 30 歲男性，保險金額 500 萬元為例。

圖 4-1 非吸煙健康體核保流程

資料來源：台灣人壽

圖 4-2 以 35 歲男性為例

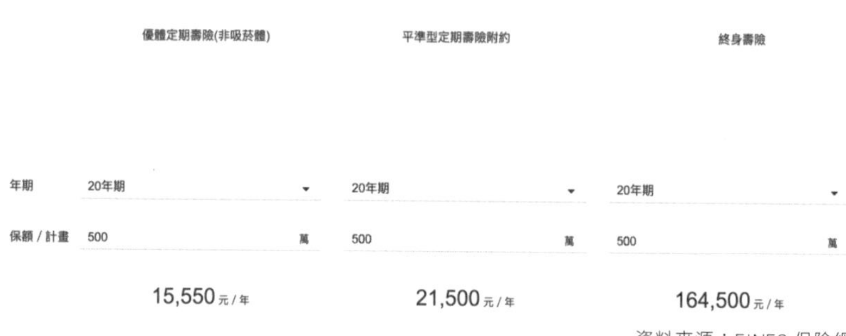

資料來源：FINFO 保險網

我們可以清楚的看到，相同保額之下保費：非吸煙優體 < 平準型定期壽險 < 終身壽險

表 4-1 非吸煙優體壽險、平準型定期壽險及終身壽險之差異

險種	非吸煙優體壽險	平準定期壽險	終身壽險
優點	保費便宜、保障高	保障高，相對便宜	保障相對低，貴
缺點	定體檢與非吸煙，核保嚴	保費有去無回	保費有去有回
保費	低	中	高
適合度	身體狀況許可，適合	非標準體者，適合	傳承資產者，適合

資料來源：作者整理

最後壽險的意義在於，無論任何原因導致身故：猝死（案例一）、失蹤、意外（案例三）、疾病、過勞（案例二）、壽終正寢，甚至是投保兩年後自殺，都能獲得理賠，提供了家庭金錢上面的保障。

一切的保險規劃都是為了愛與責任，我們能做的就是投資保險這個工具，讓愛與責任透過保險這個工具延續下去，雖然發生的時候我們已經先到天國了，但是至少家人在金錢上能夠獲得一些補償，讓愛能延續下去！

希望看完本章節，大家可以按照自己的需求，幫自己規劃一張壽險，讓我們無懼無常的先到。

5

保障型保單：醫療險雙實支實付更有保障

醫療險是目前所有保險之中，相對複雜而且名目較多的險種，但它也是所有風險規避中，最基礎也最重要的基礎險種，怎麼說呢？

舉凡大小意外、重大疾病、重大傷病，甚至失能全殘與死亡，在這之前，都會經歷過醫療的階段，因此醫療險在我的財務規劃中，是所有保險第一個需要規劃的險種。加上如果純粹規劃醫療險的保費，可以用非常便宜的保費就能買到相對高的保障。在保險專業術語中，這是發生機率非常高，損傷涵蓋的範圍非常大的險種。

無論新生兒、新鮮人、青年、中年或老年，醫療險是第一個要規劃的險種，因為任誰都會遇到必須到醫院醫療的狀況，所以認識與規劃醫療險是 CFP 認證國際理財規劃顧問在保險中最重要的一個項目。

那麼什麼樣的醫療險才能真正幫助我們負擔醫療費用呢？定期醫療險和終身醫療險的差別是什麼？實支實付醫療險又是什麼？保額要多少才足夠呢？下面將一一說明。

醫療險簡單來分類，有以下幾種：

❶ 住院日額型：終身醫療險，定期日額險。

❷ 實支實付型：實支實付與雜費給付手術。

❸ 手術型：按照手術次數，或是保單表定手術費率表而定。

❹ 癌症險：初次罹癌、癌症身故、癌症住院日額、癌症手術、癌症輔具。

❺ 重大疾病險：7 項重大疾病一次性給付。

❻ 重大疾病與特定傷病險：7 項重大疾病＋特定傷病一次性給付。

❼ 重大傷病險：凡取得健保局認定的重大傷病卡即一次性給付。

住院日額型醫療險：補強實支實付用

首先，針對大家最為熟悉的終身醫療險來跟大家說明。終身醫療險，就是一般所說住院日額為主要理賠的險種，再加上手術險的功能。下面將各種終身醫療的給付項目整理出來（其實各家保險公司與商品條款通常會不盡相同），讓大家可以一目瞭然。

- 【住院日額保險金之給付】：住院日數 × 保額
- 【加護病房費用保險金之給付】：加護病房日數 × 保額（有最高日數上限）
- 【出院療養保險金之給付】：住院日數 × 保額 ×0.5（多數保險公司都有，少數沒有此項目）
- 【住院前後門診保險金之給付】：前後門診日數 × 保額 × 比例
- 【住院當日急診保險金之給付】：保額 × 比例
- 【住院手術費用保險金之給付】：手術費率表 × 保額或定額給付
- 【所繳保險費的退還、身故保險金或喪葬費用保險金之給付】：身故時退還所繳保費－已經理賠的金額

從上述所列，我們可以清楚地理解終身醫療理賠的項目，而終身醫療啟動的條件就是住院了。無論意外或是疾病，只要去住院就符合理賠的條件，並且住院之前的門診或救護車費用，多數的終身醫療險都有這種給付條件。甚至有些保險公司的終身醫療啟動的條件更寬鬆，只需要在急診室待超過 6 小時，就可啟動日額理賠。

相對於終身醫療，則有定期型的日額型醫療險。各家的終身醫療與日額型的條款都相差不遠，差別只在保費的高低而已。表 5-1 為某壽險公司的終身醫療與定期型的日額醫療險之保費差距。以 30 歲男性為例。

表 5-1 終身醫療與定期型日額醫療險之保費差距

	住院醫療日額給付保險附約	終身醫療健康保險附約
年期	一年期	20年期
保額 / 計畫	1000 元	1000 元
	1,840 元 / 年	10,480 元 / 年

PS：一年期的定期日額醫療險，保費會隨著年齡不同而遞增。

資料來源：FINFO 保險網

優點：

按照住院日數理賠，容易理解，理賠上也很清楚、快速。

缺點：

終身醫療險保費高，定期日額型醫療險保障不足時，需要搭配其他險種。

經驗分享：

我認為定期日額型醫療險優於終身醫療險，尤其是針對小資族、小孩的保險來說較為合適，因為小孩保費極為便宜，而小資族需要低保費高保障。

實支實付型醫療險：更符合醫療趨勢

隨著醫療進步與健保 DRGs 制度實施後，住院天數下降，自費項目增多，許多較精良的手術、較為新穎或是設備昂貴但是療效較好的療程，或是藥物品質較為精良，或是使用年限更長、效果更好的醫療器材與醫療耗材，例如：心血管疾病的心臟支架、退化性用的新型人工關節、精密手術達文西刀等，病患需要自費才能使用，而通常這些自費項目就是醫療費用負擔的大宗。

根據我認識之長輩的經驗：換人工髖關節

置換健保給付之人工髖關節（有可能需要再次置換）：效益略差

置換自費的陶瓷人工髖關節（幾乎不需要再次置換）：效益好，不用再次置換

那麼問題來了，如果是您面對這個問題要做抉擇的時候，會選擇自費還是健保給付呢？正常人的答案都是自費，因為人身無價，誰又願意拿自己的身體作為賭注呢？但是自費的前提是，您必須要有足夠的「**錢**」。

醫療是一件很殘酷的事情，幾乎就是有錢的品質好、效果強，免錢的效果差、品質較為一般，但無論是遇到癌症、重大疾病、重大燒燙傷等各類型的醫療，都是如此。

健保局為什麼無法全額給付陶瓷人工髖關節？

目前健保給付之人工髖關節之人工股骨頭為金屬之鈦合金或鈷鉻鉬合金，髖臼內襯則為高耐磨之高分子聚乙烯，其磨損率已相當的低，好好的使用應有相當高的機會不必再次手術更換人工關節。

而陶瓷材質股骨頭及髖臼內襯相當昂貴，在健保財源有限的情況下，難以列入健保給付；依現況，保險對象或其家屬如果希望使用，必須全數自費購買。健保署為減輕保險對象的負擔以及考慮給付的公平性，故對該類品項給予自付差額。以陶瓷人工髖關節為例，對於已符合傳統人工髖關節使用規範者，將可按傳統人工髖關節之價格給付，差額部分由保險對象負擔。

簡單來說，就是健保沒錢，要用較好的醫療器材，您得使用者付費。

根據106年健保統計住院醫療花費裡的雜費（藥費、材料費等）就已超過60%，因此下面介紹的險種，就是針對醫材、雜費等自費項目而生的險種。就我所知，目前實支實付的醫療險是以一年定期型為主，終身型的非常稀少，故不在本文另行比較定期型與終身型之醫療險。

- **【每日病房費用保險金之給付】**：如果選擇住非健保給付的病房，保險公司可理賠的最高額度。

  例如：要住單人病房，需要補差額 4,000 元，而實支實付病房費差額有 2,000 元，因此保險公司就會以最高額度 2,000 元理賠。假設要住雙人病房，則需要補差額 1,800 元，實支實付病房費差額有 2,000 元 ，因此保險公司就會以差額 1,800 元理賠。

- **【住院醫療費用保險金之給付】**：這一項目是實支實付醫療險中最重要的一項，尤其是下面示範條款中的第五項，也就是我們針對高級處置或是醫材能獲得理賠的最重要條款。

  一、醫師指示用藥及處方藥。

  二、血液。

  三、掛號費及證明文件。

  四、來往醫院之救護車費。

  五、超過全民健康保險給付之住院醫療費用。

上面的條款，一般非保險本業的民眾只需要知道一條最重要的條款即可。

- **【手術費用保險金之給付】**：按照保額 × 手術費率級距（日額型的醫療也有此給付項目）。

- **【日額保險金選擇權】**：如果提不出醫療收據，實支實付型的醫療險可依照住院日數 × 保額，給付給受益人。

- **【住院醫療費用保險金之給付】**之中的**【超過全民健康保險給付之住院醫療費用】**：因為這是實支實付型醫療險最重要的條款，也是其他醫療險重要性低於實支實付型醫療險的主要原因。

就以上面置換人工髖關節來說，自費陶瓷人工髖關節動輒 5 萬元以上，對一般人來說是一筆不小的負擔，那麼如果我們有買到實支實付型的醫療險，那麼這些超過全民健康保險給付之住院醫療費用包含醫療器材、精良手術，都能在條款所述的限額中獲得理賠。因此，我們在看實支實付型的醫療險重點就在於雜費項目的多少。

下面列舉兩家目前業界相對強的醫療險給大家參考。以 30 歲男性為例。

表 5-2 不同保險公司之醫療險比較

年齡：30 歲　性別：男性　女性　職等 i：職等1 (內勤人員、教師、家庭主婦等)

	台灣人壽新住院醫療保險附約 HNRB 查看商品	全球人壽醫療費用健康保險附約 XHR 查看商品
年期	一年期	一年期
保額 / 計畫	計劃二 (雜費12萬)	計劃五 (雜費12萬)
	3,667 元 / 年	2,864 元 / 年

資料來源：FINFO 保險網

雜費項目有 12 萬元，但是一年的保費一個 3,667 元，另一個 2,864 元。

經驗分享：

最近我的保戶在小孩出生拿到身分證字號之後，立刻幫小孩買了兩家同意保戶副本理賠的實支實付型醫療險（PS：需要誠實告知保險公司，友家保單狀況）。就在即將滿 3 個月的時候，小孩不明原因的發燒，讓小孩住院了 11 天，考量到醫療品質選擇了單人病房（因為隔壁病床是會傳染的重病），但是單人病房一天需要補差額 6,000 元，並且當時使用非健保給付的高價藥品，最後住院 11 天下來，非健保給付的部分需要自費超過 10 萬元。

所幸我在幫客戶規劃時，小孩一出生拿到身分證字號後，就規劃了足額的實支實付醫療險：兩家接受副本理賠，共 24 萬的雜費額度，恰巧就可以完全賠付這個 10 萬元的自費金額。

手術型醫療險：如預算仍有餘裕才考慮

根據衛福部 104 年的統計，一整年的期間做了 4,604,680 次的住院手術，而且最近這 3 年的手術次數年年成長，這是整個台灣人口高齡化的趨勢，因此買一個保險規避風險，是需要考量的選項。

而國人的手術費用多數都花在以下 3 個項目上：

1. 手術材料：如人工水晶體、優質的人工關節，可參考實支實付型醫療險中，有特別說明健保給付之醫療器材與自費之醫療器材的差別。
2. 新式技術的手術：如達文西手臂、內視鏡手術、光子刀。
3. 手術後的療養費用

當我們需要更好的醫療品質，如醫療器材、新式手術、美容膠…等，手術前、手術中、手術後的耗材和技術時，除了我們口袋要很深之外，多數人的第二選項就是透過保險來規避這一項風險了。

一般為了手術而買的醫療險大致可分為兩種，一種是定額型的醫療險，包含住院、加護病房住院、門診醫療或是雜支費等等；另一種則是手術就單獨做成一張保單的實支實付型醫療險。目前市面上以前者佔絕大多數。

1. 定額型：

- **【手術醫療保險金的給付】：**
  按照手術級距表上面的比例 × 保額
- **【特定手術醫療保險金的給付】：**
  按照手術級距表上面的比例 × 保額

2. 實支實付型：

- **【手術醫療保險金的給付】：**
  按照手術級距表上面的比例 × 自費金額

- 【特定手術醫療保險金的給付】：

  按照手術級距表上面的比例 × 自費金額

但基本上，現階段我認為投保醫療險當中的「手術險」項目，是相對有爭議而且重複的。因為不管是哪一類的手術險，在現階段醫療科技進步之下，即使保單條目上面列明了密密麻麻的手術項目，然後按照保單條款上面的名目理賠，但是光手術這兩個字的定義，就有不同的見解。

衛福部曾對手術有廣義和狹義兩種解釋，廣義的解釋：任何醫療行為（包含手術）都可以統稱為「醫療處置」，因此廣義的手術包括一切醫療上的診療行為，像是內視鏡、注射、切片都可算是手術；狹義的解釋：手術則是指切割、縫合等用刀、剪所動的外科手術。

無論是廣義或是狹義的解釋，未來因為手術治療科技的進步，很可能過去需要手術才能解決的病徵，未來只需要用處置即可痊癒，造成我們買了手術險，但是實務上卻相對難以理賠，反而不如買日額型醫療險，或是實支實付型醫療險。而且無論日額型醫療險，或是實支實付型醫療險，條款中都有針對手術給付的條件，如需要額外再加買手術險，真的就是個人預算非常充足才會去考慮補強的。

另外，手術險本身也可分為終身型與定期型。我就以同一間公司發行的終身型與定期型手術險的費率向大家說明。表 5-3 範例是 30 歲男性。

表 5-3 終身型與定期型手術險之費率比較

年齡： 30 歲 性別： 男性 女性 職等 i： 職等1 (內勤人員、教師、家庭主婦等)

	手術醫療終身健康保險		一年期手術醫療健康保險附約
年期	20年期		一年期
保額 / 計畫	1000	元	計劃二(1000元)
	7,220 元 / 年		2,026 元 / 年

資料來源：FINFO 保險網

在類似的條件下，終身型的費率大約是定期型的 3 倍，但是定期型的保費會隨著年齡成長而成長，並且有最高承保年齡的上限。

經驗分享：

先給大家一個公式做為參考。我認為實支實付型的醫療險最重要的就是它的雜費項目，超過全民健康保險給付之住院醫療費用這一項。

建議雜費 > 20 萬

有鑒於目前多數的新式手術與新式的醫療器材都非常昂貴，因此我認為我們需要的額度至少要能夠涵蓋過部分新式手術與新式醫療器材的費用，因此我建議雜費的項目，至少需要 20 萬以上的額度。並且實支實付型的醫療險最好都能夠符合副本理賠，保證續保，概括式的條款。

為何是 20 萬？下面針對達文西手術做一些說明。達文西手術具有相對的安全性與穩定性，但是缺點就是非常昂貴。

表 5-4 達文西手術與傳統手術之差異

項目	達文西機器手臂手術	傳統手術
傷口	傷口小，因此傷口感染率較低，疼痛感較低，失血量較低，據悉失血量只有內視鏡手術的 1/4，因此輸血需求降低。住院天數也因此降低，最快 2~3天可以出院。	傷口大，較易留疤痕。手術時間較長，因此住院天數通常需要 1~2週。
手術時間	平均時間較短	相對較長
影像辨識	放大 10倍的高清晰 3D影像	無
安全性和精密度	可執行一般傳統手術或內視鏡手術無法進行的手術，並且可避免傷害到重要的血管和神經。	手術切口大，風險相對較高。
最大優點	不易有併發症，因此復原程度較好。	較易有併發症。

資料來源：作者整理

健保不給付達文西手術價格參考：

- 達文西頭頸部手術自費約 15 萬 …
- 達文西心臟手術自費約 15~30 萬 …
- 達文西肺臟手術自費約 15~18 萬 …
- 達文西胸腔手術自費約 15~18 萬 …
- 達文西胃及食道手術自費約 16 萬 …
- 達文西肝膽胰手術自費約 18~20 萬 …

- 達文西腸道手術自費約 14~16 萬 …
- 達文西腎臟手術自費約 14~20 萬 …

因此，我以能涵蓋大部分達文西手術的 20 萬元作為一個劃分的標準，因為這樣我們在使用新式更優秀的醫療時，能夠不用為錢擔心。

我認為這 3 種醫療保險都非常的優秀，針對不同需求都有不同的功能，但身為一位專業的 CFP，應該具備豐富的產品知識、規劃相對便宜的保費 而非最便宜的保費（註）、協助客戶做到最高保障的能力，因此針對上述 3 種醫療險以及終身型或是定期型，我做出以下的建議。

註：不說最便宜的保費、最高的保障，原因在於保費最便宜而且保障明顯比同業高的這些保險公司，通常它的財務狀況比同業差，所以才需要用更好的條件吸引保戶購買，而我並不偏好這些財務狀況不佳的保險公司，因為未來這些保險公司倒閉或是被接管的機率較高。後段我將會針對法規來說明如果有一天保險公司倒閉了，可能會發生什麼樣子的狀況。沒有人喜歡自己的保險公司倒閉，但是當這一天發生的時候，希望我們都沒有那一家公司的保險。

如果你的資產淨值規模低於 10 萬美元（無論年紀大小），建議以終身型或是定期型來說：

定期型（一年一約保證續保） > 終身型（繳費 20 年保障終身）

以保險的優先順序來說：

實支實付型 > 住院日額型 > 手術型

也就是建議10萬美元以下的客戶在規劃醫療險上，買定期型的實支實付醫療險（可副本理賠）兩家，幾乎就能完成最基本的保障，一年的總繳保費也能壓低在新台幣1萬出頭，達成低保費高保障的目的。遇到風險時可以有高保障，但因為保費低廉，而可以加速儲蓄，儘早讓淨資產提高到100萬美元以上。

如果你的資產淨值規模高於10萬美元，年紀又超過40歲以上，收入穩定，建議各種險種混搭。

定期型（一年一約保證續保）= 終身型（繳費20年保障終身）

實支實付型 > 住院日額型 > 手術型

也就是建議資產淨值10萬美元以上，且年齡超過40歲，低於55 歲，收入穩定的人，除了基本的雙實支實付型醫療險之外，也可以考慮新增一些終身型的醫療險做搭配，因為終身型的醫療險除了保障之外，如果一生平順沒有理賠太多，仍可以將沒有用到的部分傳承給下一代。40~55歲這個時候的保費也不會太貴（但仍比30歲貴），加上收入穩定，資產累計到一定程度，便可以考慮人生下一個階段的傳承目標。

如果你的資產淨值規模高於100萬美元，且有被動收入超過100萬台幣， 年齡又高於50歲以上，建議終身為主，定期型為輔。

人生能夠達到這個地步，已經是非常棒的人生了，最該思考的問題是傳承的問題，而保險的功能相對比較不這麼重要。因為被動收入的部分應該已經遠遠大於自己所需要花費的金錢，並且還能有餘，這時候我們應該思考傳承。

我曾經幫兩位長輩（一對夫妻）規劃失能險＋醫療險，夫妻倆合併的金融資產大約是 200 萬美元，如果加上房地產的話，淨值大約是新台幣 1.5 億元。 在對話中，兩位長輩不斷地強調的，他們希望即使後面遇到失能或是醫療狀況時，也不要過度侵蝕掉他們的資產，因此他們希望買一些保險來規避風險。

另外，長輩讓我印象最深刻的就是，他們最大的願望就是不要拖累下一代—他們的孩子。因為孩子現在一個月的月薪了不起 5 萬台幣而已，負擔自己的開銷已經壓力沉重了，如果有一天，資產不足以應付長照需求，還要用到孩子們的錢，那麼他們就會過意不去了。

保險真的就是為了愛與責任的延續與工具，在長輩這次的規劃保險中，我深深體會到這一點。最後我為這兩位長輩規劃了終身型的保險（失能＋醫療），雖然保費比較貴，但是多了一份傳承的意義。

實支實付型醫療險的挑選訣竅

1. 要挑選可以副本理賠的：

我曾經遇過一個案例，其都是買正本理賠醫療險，因此導致其中一家無法理賠的例子。

原因：

媽媽過去已經幫小孩買保險了，而爸爸不知道，因此爸爸跟我的朋友也買了保險，而兩家保險公司都要求要正本才能理賠，某天真的遇到了住院醫療的狀況，要申請理賠的時候，便遇到了問題。正本收據只有一份，這時應該申請哪一家呢？雖然買了兩家保險，但是卻沒有達到買兩家保險的效果，所以副本理賠是我挑選實支實付的重要依據。

圖 5-1 某保險公司之醫療健康保險附約條款（一）

第二十三條【保險金的申領】

受益人申領本附約各項保險金時，應檢具下列文件。

一、保險金申請書。

二、保險單或其謄本。

三、醫療診斷書或住院證明。（但要保人或被保險人為醫師時，不得為被保險人出具診斷書或住院證明。）

四、接受手術者，應另檢具手術證明文件或在診斷書上載明手術名稱。

五、醫療費用收據。

六、依第十三條第二項第六款之但書所列之情形申請者，另需檢附產前檢查門診記錄、腹部超音波檢查記錄及胎兒心音記錄。

七、受益人的身分證明。

受益人申領保險金時，本公司得對被保險人的身體予以檢驗，必要時並得經受益人同意調閱被保險人之就醫相關資料，其費用由本公司負擔。

資料來源：作者提供

經驗分享：

多數公司團體保險的理賠也是要求正本收據，因此在正本只有一份的情況之下，我幫客戶規劃的醫療險，一律都是規劃副本理賠的實支實付型醫療險。

2. 條款的陳述要是概括式：

此會影響到新式療法理賠的正當性。

列舉式的條款範例：

「下列超過全民健康保險給付之住院醫療費用：

A 醫師診察費

B 主治醫師對症使用之藥品

C ×××××××

D ×××××××」

概括式的條款範例：

「超過全民健康保險給付之住院醫療費用。」（如圖5-2）

這兩種條款的差異就在列舉式的條款是正面表列，簡單來說，就是有寫上的有賠，沒寫上去的不一定賠，相對於概括式寫法的實支實付醫療險，範圍狹窄很多。

雖然多數列舉式的條款已經寫得很完善了，但萬一遇到新式療法不在列舉的項目中，保險公司很可能依照條款就不予理賠。不過目前多數列舉式條款的保險公司，面對新式療法通常採取的狀況就是「融通理賠」，只是幾乎都會簽署保

圖 5-2 某保險公司之醫療健康保險附約條款（二）

第七條【住院醫療費用保險金之給付】

被保險人因第五條之約定而以全民健康保險之保險對象身分住院診療或門診手術時，本公司按被保險人住院(含住院前七天及出院後十五天內的門診）或門診手術期間內所發生，且依全民健康保險規定其保險對象應自行負擔及不屬全民健康保險給付範圍之下列各項費用核付。但其每次住院最高給付金額不得超過本附約“各項保險金給付限額表”上所載其投保計劃之「住院醫療費用保險金限額」。

一、醫師指示用藥及處方藥。

二、血液。

三、掛號費及證明文件。

四、來往醫院之救護車費。

第 2 頁，共 10 頁　　銷售日期：107 年 9 月 10 日

五、超過全民健康保險給付之住院醫療費用。

資料來源：作者提供

密條款，並且在上面加註「僅此一次，下不為例」的相關字眼，這會讓買保險的人很不開心。

而概括式的條款說明，只要是超過全民健保保險給付之住院醫療費，保險公司都會理賠，因此如果遇到自費的新式療法，皆能夠獲得理賠而比較沒有爭議。

3. 要有保證續保的條款：

不然保險公司可以因為賠率過高而不予續保。

示範條款如下：

本契約保險期間為一年，保險期間屆滿時，要保人得交付續保保險費，以逐年使本契約繼續有效，本公司不得拒絕續保。（如圖 5-3）

圖 5-3 某保險公司之醫療健康保險附約條款（三）

第十五條【附約有效期間】

本附約保險期間為一年，保險期間屆滿時，要保人得交付續保保險費，以逐年使本附約繼續有效，本公司不得拒絕續保。

本附約續保時，按續保生效當時依規定陳報主管機關之費率及被保險人年齡重新計算保險費，但不得針對個別被保險人身體狀況調整之。

主契約被保險人及配偶得分別續保至保單面頁所載最高續保年齡之保單週年日，子女得分別續保至二十三歲之保單週年日。

資料來源：作者提供

白話解釋：只要保戶持續繳交保費，無論是之前申請理賠或是健康狀況下降，只要持續繳保費，保險公司不管任何理由都不能拒絕續保。

這一條件主要是針對定期險的商品，如一年定期險，每年都會遇到續保的問題，如果續保時保險公司覺得：

- 之前理賠錢賠太多，保險公司覺得不划算。
- 因為過去病史，讓保險公司覺得賠錢的機會很大。
- 這張商品賣一張賠一張，乾脆不賣了。

上面 3 種狀況都可能讓保險公司不讓保戶續保，這時候我們該怎麼辦？因此，保證續保條款是對保戶非常有利的條款，面對上述 3 項狀況，造成保戶在最需要保險的時候被保險公司拒保，又或因為最後一項「跟保戶毫無關係」的理由不續保，會導致客戶的保障無法順利銜接，而產生保障的空窗期。但如果是保證續保的商品，就不會有這些困擾了！

另外，分享幾組最簡易的雙實支實付醫療險的規劃案例：

以下都是以 30 歲男性與女性為規劃的範例。基本上，一個完整的保險規劃，只有實支實付是非常不足的。如果要量身訂做保險，請洽詢各地有 CFP 證照的保險顧問。

以投保全球人壽醫療費用健康保險附約計畫五來看

每日病房費上限是 3,000 元（加護病房或燒燙傷病房上限會提高），如果實際病房費差額每日是 2,600 元，則理賠 2,600 元；若是 4,000 元，則最多理賠 3,000 元。

手術費用的上限會因手術項目而不同（詳條款手術表），最高的手術費上限可以到 22 萬，最低則為 5,500 元。

醫療相關費用理賠的上限是 12 萬（超過全民健康保險給付之住院醫療費用），健保不理賠的自費醫療耗材藥物等大大小小費用都算在這個額度內，因此這是個實支實付醫療險很重要的理賠項目。

並且住院天期增加，額度上限會開始倍增，最高額度上限提高至 60 萬。

以下為 30 歲男性，作為規劃的案例：以全球人壽為例子

全球人壽

全球人壽失扶好照終身健康保險(G版) (LDG)	30年期	1.5	萬	5,460 元
附約 全球人壽醫療費用健康保險附約 (XHR)	一年期	計劃五 (雜費12萬)		2,864 元

資料來源：全球人壽
FINFO 保險網

以下為 30 歲女性，作為規劃的案例：以全球人壽為例子

全球人壽				
全球人壽失扶好照終身健康保險(G版) (LDG)	30年期	1.5	萬	4,905 元
附約 全球人壽醫療費用健康保險附約 (XHR)	一年期	計劃五 (雜費12萬)		4,775 元

資料來源：FINFO 保險網

是不是這樣的規劃保費相對便宜，但是也能顧及基本住院醫療保障？

大家都應該對保險有個基本的概念，但並非要成為保險達人。尤其如果你想要完全自行規劃保險，我建議你可以利用下班時間唸書，考取保險證照，然後找一家保險經紀人公司登錄，自己的保險即可自己規劃。若是你不想凡事都自己來，則可以找一位顧問協助你完成這一件事情。

6

保障型保單：失能險

當我們罹病時，有健保、醫療險可負擔大部分治療所產生的費用支出，而當發生意外時，也有意外險可以轉嫁風險，但你可想過，若醫療過後需長期的療養無法工作，甚至是失能需別人照護，你該怎麼辦？

一位主要從事保險業的 CFP 前輩，在一次談話中這麼問：小富，你也會規劃保險，請問老、病、死、殘這 4 種，哪一種最恐怖？失能（嚴重會變成長照）、壽險、醫療、重大疾病，哪一種最重要？我回答：殘（失能）最可怕，失能最重要。接著前輩又再問我：為什麼最可怕，還有最重要？我回答：殘（失能）的可怕有 3 點：1. 你會失去工作收入，2. 醫療花費極大，3. 嚴重時還需要專人照護。

從那次的對話過後，我規劃保險的順序做出了重大的修正，從醫療最重要修正成失能最重要，並且無論疾病或意外，無論重大疾病還是癌症，如果沒有身故，最終都會導向一個結果一殘（失能）。

老

老年退化性的手腳關節活動度降低成正常的30%，進入到殘（失能）的狀態；老年雙眼機能退化，變成失明需要他人看護，進入到殘（失能）的狀態；老年常見的失智、失語、失行，或是聽覺障礙、感情障礙、人格障礙的顯著狀態，也會進入到殘（失能）的狀態。

病

嚴重的中風癱瘓，變成植物人，進入到殘（失能）的狀態；國人好發的口腔癌，最終只能吃流質食物，也是進入到殘（失能）的狀態；國人常見的大腸癌，如果需要裝上人工肛門，也是進入到殘（失能）的狀態。

意外

意外發生手腳或是器官截肢，進入到殘（失能）的狀態；意外產生身體智能障礙，進入到殘（失能）的狀態。

因此，我在規劃保險的時候，會與客戶溝通下面的觀念：維持身體健康是第一要務，希望永遠不要用到保險。但是天有不測風雲，人有旦夕禍福，因為意外或疾病住院治療，實支實付型的醫療險是第一線的保障，發生機率高，損失較小。

如果要求好的醫療器材跟新式療法時，費用則會暴增（可用實支實付理賠部分），重大疾病險是第二線的防護，機率相對低，損失大，且部分醫療費用可以被實支實付型的醫療險所分攤。

最後無論是老、病、意外持續惡化的時候，就會變成到殘（失能）的狀態，因此，失能險是最後一道防線，也是機率最低，但是損失最嚴重的狀態，一旦發生就是非常嚴重，而且傷害非常大。

在規劃保險時，這保險的三層防護網缺一不可，三層防護網記得都要做到，都需要準備。保險的最主要功能在於解決活太長、病太久、走太早與意外等四大問題。

為什麼每個人都該買失能險？

根據最新統計，國內實際領有重大傷病卡人數約為 90 萬人，預估到 2031 年，國內失能人口將攀升到 120 萬人，佔全台人口約 5%。也就是說，平均每 19 個人當中就有 1 人失能，需要被照護。

過去的刻板印象中，我們都以為要發生意外才會導致失能，但是根據衛生福利部 2015 年底全台身心障礙人數統計資料顯示，國人失能前 3 項原因分別為：疾病（佔 57%）、先天（佔 12%）、意外（佔 6%），所以，疾病致殘才是國人失能的最主要原因。

像是糖尿病、癌症、腦中風等疾病，都是造成殘廢失能或癱瘓的主因，會導致長期臥病在床，且平均需要的長期照顧時間為 7.3 年，因此若沒有足夠的金錢當做後盾，將造成家庭經濟及長期照護的重大負擔。

並且根據衛福部的統計，不是只有老年人才需要長期照護，以衛福部身心障礙的統計按照年齡區別：

65 歲以下身心障礙者，佔了 62%，將近 2/3
65 歲以上身心障礙者，佔了 37%，約 1/3

針對以上的統計，我們得知一個結論：疾病是失能照護發生的主因，並且 65 歲以下的人才是大宗，因此失能險無論男女老少，都是非常需要的險種之一。

圖 6-1 國人平均需要長照時間及照護花費

平均照護時間	半數照護家庭平均花費
7.3 年	292 萬
國人一生中的長期照護需求 男性 6.4 年、女性 8.2 年	若包含無形的「薪資損失」 實際金額將更高於此數字

資料來源：衛福部

萬一失能發生時，對家庭財務往往都是重創，不僅收入降低、花費增加，並且需要照護的人力，讓家庭的收入與支出狀況快速的惡化。過去失能最著名的例子就是王曉民，當年她就讀台灣省立台北第二女中，並在校擔任管樂隊指揮，某天騎腳踏車經過今台北市八德路敦化南路口時，因遭計程車追撞而成為植物人，在床上一躺就是47年，拖垮了整個家庭財務，王家所有值錢的財物全因醫療費用典盡當光，並且影響到兩位親人的人生，她的兩個妹妹也因沒錢讀書而輟學，只能在家幫忙父母照顧昏迷的姐姐，如果當時有規劃足額的失能險，那該有多好？

疾病導致只能進食流質食物，這也屬於失能狀態的一種，而頭頸癌通常是導致口腔失能的主要原因。按照失能險的定義，永久喪失咀嚼、吞嚥、言語機能者即為失能。

根據勞保失能的解釋：

咀嚼機能發生失能之主要原因，由於牙齒之損傷者，本表已另有專項訂明，此處規定之咀嚼機能失能，係專指由於

圖 6-2 失能險中對失能的定義

5口	咀嚼吞嚥及言語機能障害（註5）	5-1-1	永久喪失咀嚼、吞嚥或言語之機能者。	1	100%
		5-1-2	咀嚼、吞嚥及言語之機能永久遺存顯著障害者。	5	60%
		5-1-3	咀嚼、吞嚥或言語構音之機能永久遺存顯著障害者。	7	40%

資料來源：作者提供

牙齒損傷以外之原因（如頰、舌、軟硬口蓋、顎骨、下顎關節等之失能），所引起者。食道狹窄、舌異常、咽喉頭支配神經麻痺等引起之吞嚥失能，往往併發咀嚼機能失能，故兩項失能合併定為「咀嚼、吞嚥失能」。

（一）「喪失咀嚼、吞嚥之機能」，係指因器質失能或機能失能以致不能作咀嚼、吞嚥運動，除流質食物外，不能攝取或吞嚥者。

（二）「咀嚼、吞嚥機能遺存顯著失能」，係指不能充分作咀嚼、吞嚥運動，致除粥、糊或類似之食物以外，不能攝取或吞嚥者。

糖尿病截肢，甚至是因為疾病：類風濕性關節炎、車禍意外，造成身體上的兩大肢體關節可活動的角度低於正常狀態的 2/3，都屬於失能的狀態。最後，就是因為年紀大產生的退化，造成全身器官因為退化造成失能的狀態，也是目前失能的主因之一。

因此從上面的案例，我們可以發現老、病、意外，都會造成失能的狀態，也就是說，我們每一個人的一生，都有非常高的機率會遇到失能，因此對我們來說，失能險不但是保障三層防護網中最後的一層，也是我們保險規劃中很重要的一環。

失能險之條款內容

那麼我們來看看失能扶助險的條款內容。大多數的失能險內容大同小異，多數的失能表都是參考勞保的失能表作為基準，以下將一一說分明。

失能保險金的給付

依照失能等級 × 保額＝給付失能保險金

（有部分保險公司是失能等級（倍數）× 保額＝給付失能保險金）

主要功能：

如果發生失能狀態時，保險公司會依照失能的等級給付給被保險人一筆失能金，這一筆錢可以用來補償失能發生的醫療費用以及勞動力減損的保障缺口。

表 6-1 失能險之主要給付項目

項目	給付型態	保險金給付條件
失能保險金	一次性給付	1~11級，依照等級給付保額的 100% ~ 5%，或是按照保額 × 失能倍數。
失能生活扶助保險金	定期給付（按年或是月）	1~6級，依照等級或是約定比例給付。
豁免保費	豁免未到期的保費	1~6級或 1~11級啟動。

資料來源：作者提供

失能生活扶助保險金的給付

達到1~6級失能時，保額 × 失能比例＝給付失能保險金（有些保險公司 只要是1~6級失能，就給付相同的失能生活扶助保險金，而大多數會依照失能較為輕微的狀況，而有理賠的比例）。

主要功能：

這保險給付，是失能輔助險中最重要的一個理賠項目。失能發生的時候，必然造成勞動力減損，並且收入下降、支出增加，這個時候就需要這一項保險給付，來彌補薪資的下降，還有支出大增的狀況。

就以機械業常見的狀況：操作機台時，不慎將雙手手指造成缺損，或是失去機能。遇到上述狀況時，失能險就會啟動【失能保險金的給付】，而能夠適時地補償因為遇到意外造成醫療費用支出的狀態。

表 6-2 手指缺損失能保險金與失能生活扶助保險金的給付比例

手指缺損障害（註8）	8-2-1	雙手十指均缺失者。	3	80%
	8-2-2	雙手兩拇指均缺失者。	7	40%
	8-2-3	一手五指均缺失者。	7	40%
	8-2-4	一手包含拇指及食指在內，共有四指缺失者。	7	40%
	8-2-5	一手拇指及食指缺失者。	8	30%

資料來源：作者提供

表 6-3 手指失去機能失能保險金與失能生活扶助保險金的給付比例

手指機能障害	8-4-1	雙手十指均永久喪失機能者。	5	60%
	8-4-2	雙手兩拇指均永久喪失機能者。	8	30%
	8-4-3	一手五指均永久喪失機能者。	8	30%
	8-4-4	一手包含拇指及食指在內，共有四指永久喪失機能者。	8	30%
	8-4-5	一手拇指及食指永久喪失機能者。	11	5%
	8-4-6	一手含拇指及食指有三手指以上之機能永久完全喪失者。	9	20%
	8-4-7	一手拇指或食指及其他任何手指，共有三指以上永久喪失機能者。	10	10%

資料來源：作者提供

如果是嚴重的雙手十指都發生缺損或是永久喪失機能，便可以啟動【失能生活扶助保險金的給付】，每個月都可獲得一筆保險金的理賠。

註：1-6 級失能時才會啟動【失能生活扶助保險金的給付】

除了意外之外，很多長輩會因為年老雙眼退化至失明的程度，經過醫生診斷之後，如確認雙眼失明，可向保險公司申請理賠。雙目失明屬於一級失能，因此可要求保險公司進行豁免保費，以及失能生活扶助金的給付。

假設月給付 5 萬元，最高可給付 500 個月（約當 42 年），5 萬 ×500 個月 > 2,500 萬的給付金額，是多數需要失能照護長輩看護費用以及醫藥費與基本生活費的來源。

表 6-4 視力障害失能保險金與失能生活扶助保險金的給付比例

2 眼	視力障害	2-1-1	雙目均失明者。	1	100%
		2-1-2	雙目視力減退至0.006以下者。	5	60%
		2-1-3	雙目視力減退至0.1以下者。	7	40%
		2-1-4	一目失明，他目視力減退至0.006以下者。	4	70%
		2-1-5	一目失明，他目視力減退至0.1以下者。	6	50%
		2-1-6	一目失明者。	7	40%

資料來源：作者提供

光從理賠的金額來看，這個數字非常的高，因此這個理賠是保障極大，而且保費相對合理的保險商品。

豁免保險費

各家不同，多數為被保險人 1~6 級失能時豁免保費，也有少數保險公司是 1~11 級失能時豁免保費。

這個理賠也是失能險非常重要的條件，因為發生嚴重失能狀態的時候，收入會降低，支出則會大增，如果此時還要持續支出保費，會讓原本經濟受到創傷的保戶財務狀況更是雪上加霜，因此豁免保險費的出現，是失能險非常重要的部分。

保額該如何計算？

無論疾病、老、意外，最終都會發生失能，針對這個保障極大，但是保費相對貴的失能險，我們該如何規劃才合理呢？

在此提出兩個公式給大家參考。因為失能險中最重要的給付項目就是【失能生活扶助保險金的給付】，為使我們都能夠獲得基本的照顧，因此以下均是以【失能生活扶助保險金的給付】作為衡量的標準。

第一：按照看護的基本開銷計算

以申請外籍看護來說，雇主需支付的外籍看護費用：

基本負擔：19,952 元＝基本薪資：17,000 元＋健保費：952 元＋就業安定費：2,000 元

另外，加班費：（4 天）2,268 元或（5 天）2,835 元
每月總薪資：22,220 元（加班 4 天）或 22,787 元（加班 5 天）

假如無法取得完全合法的管道，則其他管道則需要將近 3 萬元的成本。

長期性耗材，例如氣切病患，自行在家照護者需購買氧氣桶，每桶 300 元，一天以一桶計算，一個月就要 9,000 元的支出。或是需要成人紙尿布，尿片通常每 3 小時更換一片，一天約需 6~8 片，各廠牌尿片市售價格不一，若以每片 10 元計算，一天共需花費 80 元，一個月則要支出 2,000 多元。若

是置放鼻胃管的被照護者，還要流質管灌營養補充品，以每天6罐，每罐50元計算，一天就要300元，一個月也要9,000元。

因此，保守估計營養品、成人紙尿布、交通費、掛號費等，零零總總的支出相加，每個月約需要2萬元的開銷。以上還沒有加上住房、水、電、瓦斯等基本開銷。

因此粗估：外籍看護（3萬）＋醫療器材（2萬）＝5萬，

我們基本的保額至少需要做到5萬元，這是一個符合現在失能看護，且維持基本需求的最低標準。

如果遇到失能需要長期看護時，通常是身體已經出狀況了，並且依照勞保的失能表來看，多數已經是工作能力減損，

表6-5 長期照護常見支出

支出頻率	支出項目	費用
一次性費用	特殊衛浴設備、輪椅、電動床、氣墊	4~20萬元
長期性看護費用（每月）	家人自行照顧	工作收入損失
	聘請本國看護（分日間、全天）	3-7萬元
	聘請外國看護	約2.4萬
	社區照護（日間照護，另有家人照護成本）	1.5~2萬元
	機構照護（護理之家、長照機構、養護機構）	2~4萬元
長期性耗材費用（每月）	營養食品、成人紙尿布、寢具、衣服、交通費、衛生醫療用品（濕紙巾、手套）...	約2萬

資料來源：作者提供

或是終身只能輕便工作，或是終身不能工作的狀態，因此這個時候第一個減少的是工作收入。但是過去累計下來的貸款、帳單，不會因為你現在是失能狀態，就能夠不繳的。

房貸不繳，房子會被法拍，信用卡費不繳，信用會破產，水電帳單不繳，會被斷水斷電，如果這個時候小孩還在唸書，學費也不會減少，因此當我們遇到這種狀況時，帳單還是會來，而且是開銷大增，因工作收入大減，這個時候緊急預備金可以用來抵抗一些時日，但最終還是得面對的。

第二：按照所得替代的計算

年所得 ×50% ＋看護費（3 萬）

因為年所得的 50% 大致等於所有基本開銷，並且還有一些餘力加3萬的看護費，預期可以收支達成平衡的狀態。例如：以月薪 10 萬元的高薪族群來說，應該需要 5 萬＋ 3 萬的基本額度，若是更高薪月薪 20 萬元的族群，則應該需要 10 萬＋ 3 萬的基本額度。

註解：目前一家保險公司，最高主約＋附約能買的額度就是月給付 10 萬台幣，因此要購買月給付超過 10 萬元的超高薪族群，需要投保兩家以上的保險公司才能完成。

第二種計算失能月給付金的方式，不應該低於基本需求的計算：5 萬元，5 萬元是基本最低的開銷（外籍看護＋一般耗材）。並且根據客戶有長輩因為中風造成長期臥床的狀況，據說一個月的花費不低於 8 萬台幣，因此面對人口老化程度越來越老的台灣，失能險是真的需要好好考慮的險種。

你買對失能險了嗎？

【精省版本】

主約＋失能附約＋失能一次金附約

【完整版本】

主約足額

我比較贊同使用主約，最好是買到至少能夠超過月給付 5 萬元，但為什麼呢？因為失能險是少數主約條件非常顯著優於副約的。

以台灣人壽為例，【好心 180】條款上面註明：每月給付金額最高以保險金額的百分之二為限，且累積給付金額最高以保險金額 10 倍為限，最長的理賠年限有 500 個月，近 42 年。面對長期需要人照護的風險，就必須要靠這個條件才能涵蓋。

其附約：1 年期 1~6 級失能扶助金健康保險附約，條款如下：給付期限為 180 個月，且不得超過被保險人保險年齡達 75 歲之保單週年日。意思即最長的理賠年限有 180 個月，理賠 15 年，而且超過 75 歲不理賠。因此以保障層面來說，附約的條件遠不及於主約。

建議青壯年的族群先用附約將保障補足，期待能夠月給付超過 10 萬元（基本主約＋附約補強），年紀稍長或是資產夠大，則建議將主約一次買足（月給付金超過 10 萬元）。

失能險是一個相對複雜的險種，主約分為還本與不還本，附約又分為一次性給付與月給付型。如果你是考量預算的精省族群，最好跟保險顧問諮詢確認需求，再下單購買失能險。

最後教大家一些分辨失能險好壞的訣竅：

1. 一次性的給付

大家比較容易忽略 1~11 級提供的一次性給付的【失能保險金的給付】，此部分要越高越好。以月失能扶助金保額 5 萬元的商品為例，發生一級失能的時候，會有 250 萬元的一次性給付，但有些保險公司的商品一次性給付金額僅 125 萬元。這些是需要注意的細節。

2. 豁免保費的範圍要廣

常見的失能險豁免保費啟動條件為 1~6 級失能，只有少數的保險公司有 1~11 級失能豁免保費。其實無論 1~6 級或 1~11 級失能，都會造成工作能力的減損，並且會花一筆醫藥費，保障範圍當然越廣越好。

以退化性關節炎常見的手腕關節運動機能永久遺存運動障害為例，退化性關節炎常造成手腕關節運動角度降低到原本的 1/3 以下，因此符合失能險的第九級失能，若失能險豁免

表 6-6 上肢機能障害失能保險金與失能生活扶助保險金的給付比例

上肢機能障害	8-3-1	兩上肢肩、肘及腕關節均永久喪失機能者。	2	90%
	8-3-2	兩上肢肩、肘及腕關節中，各有二大關節永久喪失機能者。	3	80%
	8-3-3	兩上肢肩、肘及腕關節中，各有一大關節永久喪失機能者。	6	50%
	8-3-4	一上肢肩、肘及腕關節均永久喪失機能者。	6	50%
	8-3-5	一上肢肩、肘及腕關節中，有二大關節永久喪失機能者。	7	40%
	8-3-6	一上肢肩、肘及腕關節中，有一大關節永久喪失機能者。	8	30%
	8-3-7	兩上肢肩、肘及腕關節均永久遺存顯著運動障害者。	4	70%
	8-3-8	兩上肢肩、肘及腕關節中，各有二大關節永久遺存顯著運動障害者。	5	60%
	8-3-9	兩上肢肩、肘及腕關節中，各有一大關節永久遺存顯著運動運動障害者。	7	40%
	8-3-10	一上肢肩、肘及腕關節均永久遺存顯著運動障害者。	7	40%
	8-3-11	一上肢肩、肘及腕關節中，有二大關節永久遺存顯著運動障害者。	8	30%
	8-3-12	兩上肢肩、肘及腕關節均永久遺存運動障害者。	6	50%
	8-3-13	一上肢肩、肘及腕關節均永久遺存運動障害者。	9	20%

資料來源：作者提供

保費的範圍是 1~11 級，發生後便不用再繳保費。若失能險豁免保費的範圍是 1~6 級，發生後則仍需要繳保費。

3. 保障型優於還本型

當我們資產淨值不夠豐厚，資產仍在累計的時候，保障型的失能險優於還本型的失能險。以 30 歲為例，還本型保費大約是保障型的 2 倍左右，而且年齡越長，保費費率差距越大。

以我對保險的認知，比較贊同花費比較少的保費，然後獲得比較高的保障。雖然還本型的失能險在人身故之後，會有一筆壽險理賠的身故金，但是考量資金的應用效率，我偏好購買保障型的商品。

而高資產人士如果淨資產部位高於 100 萬美元，且年紀大於 50 歲，這個時候保障型的失能險相對保費高，如果能稍微增加一些預算，就能買到還本型的失能險，其價值會優於保障型。

保險的功能就在於解決活太長、病太久、走太早與意外等四大問題，而失能險的範圍可以涵蓋老化、重病造成的失能，以及意外造成的失能，是涵蓋範圍非常廣的險種，同時具保費相對便宜，並且保障極大的功能。

根據衛生福利部統計資料，現行台灣身心障礙人數逐年攀升，至 2017 年底已有 116 萬人，佔總人口數 5%，相當於每 20 人就有 1 人，因意外或是疾病而領取身心障礙手冊，再加上國內人口老化，人在年紀大後無法避免身體機能衰退，因此建議大家可以趁早規劃這個險種。

保障型保單：意外險

天有不測風雲，人有旦夕禍福，當意外來臨時，我們都希望有保險，只是事事難料，誰都不知道意外何時會發生，唯有提早規劃及預防，才能避免事件發生時的驚慌失措、不知如何是好。

請問下面哪種狀況最不可能發生：

(A) 開車在高架橋被飛機撞到

(B) 出海捕魚被超音速反艦飛彈擊沉

(C) 阿帕契直升機掉到你家樓頂

(D) 去水上樂園被火災燒傷

(E) 以上皆非

以上的答案是 (E) 以上皆非，無論哪一種狀況都發生過！

意外總是在我們身邊，意外也是除了疾病之外，最容易讓我們的財務計畫，或是人生計畫被打亂的一個狀態。那麼意外事故的定義是什麼呢？它需要同時符合 3 個條件（缺一不可）：外來、且突發性、且非由疾病原因所引致。

針對意外發生時，我們有什麼保險？毋庸置疑的，答案是意外險。而意外險可分為壽險公司與產險公司發行的，各有什麼優缺點及特色呢？

首先，無論是壽險公司或是產險公司的意外險，主要的給付項目皆可分為以下幾項：

- **【意外死亡及失能】**：意外發生時，其導致的身故及失能，按照保險金額，理賠一次性的保險金。
- **【意外醫療日額型】**：針對意外事故引發的住院，保險公司依照住院日數理賠醫療保險金。
- **【意外醫療實支實付型】**：針對意外事故發生然後去做的門診手術、醫療行為（限定合格的醫療院所），保險公司依照實際的花費理賠醫療保險金。

意外死亡及失能

依照「保大不保小」原則，針對上面 3 種理賠，哪一種最重要？我認為是意外死亡及失能所保障的風險損失最大，因此當我們規劃意外險的時候，應以意外死亡或失能時的保障為重。

意外死亡及失能是依照「失能等級」來理賠，而失能等級指的是對於不同的狀況，保險公司會有不同等級的理賠。以意外險保額 100 萬為例：小明在工作中因為使用化學溶劑不慎，導致雙眼失明，此失能等級是一級，所以會理賠 100 萬。只是光有意外險的規劃，因為眼睛失明而讓自己無法再次勝任工作的勞動力減損，再加上醫療費用以及後續的長期照護成本，100 萬根本無法規避掉這樣的風險。

因此，建議大家在規劃保險時，意外死亡及失能一次給付保額要買到 500 萬才足夠。而且這個險種可以搭配失能險、實支實付型的醫療險以及定期壽險等工具，完成一個保險網，防止人生中的意外發生。

經驗分享：

意外死亡及失能險在過去的保險中，通常只有一次性的給付，但是近年有一些新型態的意外險，還會給付意外失能的月扶助金，我非常建議透過這樣的新險種來規避萬一因為意外而造成的失能狀況。

下面是某家保險公司新型態意外險的失能扶助金給付細項。

以投保 500 萬元為例，若因意外身故會理賠 500 萬元。若因意外導致兩上肢肩、肘及腕關節均永久喪失機能（2 級失能），一次性理賠意外失能保險金 450 萬；每月理賠失能扶助金 9 萬元，保證給付 10 年。若在保證給付的 10 年內身故，則沒領完部分會一次理賠給受益人。

表 7-1 【失能扶助金的給付】細項

第一級失能扶助金	每月按保險金額之 2%給付失能扶助金，保證給付 10年。
第二級至第四級失能扶助金：	每月按保險金額之 1.5%給付失能扶助金，保證給付 10年。
第五級至第六級失能扶助金：	每月按保險金額之 1%給付失能扶助金，保證給付 10年。
第七級至第八級失能扶助金：	每月按保險金額之 0.5%給付失能扶助金，保證給付 10年。

資料來源：保險條款，台灣人壽長安傷害保險附約

若因意外導致一手，包含拇指在內，共有二指缺失者（9級失能），一次性理賠意外失能保險金 100 萬。

若發生重大燒燙傷，則會理賠 125 萬元。

這樣的保障，保費大約一年 6,400 元，而且平準保費（不會因為年紀上升而提高），因此真的非常適合作為規避意外風險的險種。

意外醫療日額型

這對我來說，最重要的不是住院一天理賠多少錢，因為住院的日額會由實支實付型的醫療險所取代，多的住院日額算是彌補工作收入的損失，因此我在規劃意外醫療日額型時，會假設因意外所導致的骨折未住院的情形。

骨折是相當常見的意外傷害，其發生的原因大多是因為遭受嚴重撞擊、壓迫或摔傷所造成。根據衛生福利部 2015 年門、住診統計，2015 年台灣共有 70 萬 2,642 人因為骨折就醫，等於平均每天就有 1,925 人發生骨折，其中男性佔 32 萬 4,619 人，女性則佔 37 萬 8,023 人。【意外醫療日額型】怎麼理賠骨折呢？首先，得先看看骨折的狀況，由醫生開的診斷證明判斷。其次，端視骨折的部位。

因此，意外醫療日額型就是主要針對骨折未住院的情形，我通常規劃的案例至少都會做到 2,000 元 / 日。這個險種相對也是比較便宜的，以住院日額 2,000 來看，一年保費要 1,300 元左右。

經驗分享：

那麼骨折機會這麼高，我們是否還需要多買骨折險？我認為，除了特定族群之外，不需要額外多買這個險種。我們的保費需要花在刀口上，不需要所有風險都能夠涵蓋，但是

表 7-2 【意外醫療日額型】各骨折狀況之理賠內容

骨折狀況	給付內容
完全骨折	保險金額 ×骨折別給付日數表
不完全骨折	1/2×保險金額 ×骨折別給付日數表
骨骼龜裂	1/4×保險金額 ×骨折別給付日數表

資料來源：傷害保險單示範條款

表 7-3 【意外醫療日額型】各骨折部位之理賠天數

骨折部分	完全骨折日數
1鼻骨、眶骨（含顴骨）	14天
2掌骨、指骨	14天
3蹠骨、趾骨	14天
4下顎（齒槽醫療除外）	20天
5肋骨	20天
6鎖骨	28天
7橈骨或尺骨	28天
8膝蓋骨	28天
9肩胛骨	34天
10椎骨（包括胸椎、腰椎及尾骨）	40天
11骨盤（包括腸骨、恥骨、坐骨、薦骨）	40天
12頭蓋骨	50天
13臂骨	40天
14橈骨與尺骨	40天
15腕骨（一手或雙手）	40天
16脛骨或腓骨	40天
17踝骨（一足或雙足）	40天
18股骨	50天
19脛骨及腓骨	50天
20大腿骨頸	60天

資料來源：傷害保險單示範條款

如果對象是老人、兒童，或是熱愛自行車運動的人，這些族群發生骨折的機率相對比較高的情況之下，我首先會增加意外醫療日額型的日額，並且增加意外醫療實支實付，如果保費預算仍然充足，才會考慮骨折險。

意外醫療實支實付型

建議買一般實支實付型，也就是購買只要到合格醫療院所的診療費用都能夠給付的險種。另一種類型的險種是，如果到非健保給付的診所，它會按照實際支出的狀態打折給付，但是多數非健保給付的合格醫療院所，在意外醫療上的品質都會勝過一般健保給付的診所，因此，我比較推薦買一般的意外醫療實支實付型。

如果預算有限，產險公司銷售的意外險優於壽險意外險。產險意外險和壽險意外險的差別在於，同樣的保障額度下，產險意外險較壽險意外險保費便宜（大約便宜 3 成），但產險意外險沒有保證續保的商品，只有自動續保。

表 7-4 一般型意外醫療實支實付與健保型意外醫療實支實付之比較

一般型意外醫療實支實付	健保型意外醫療實支實付
限額內理賠因意外至合格的醫療院所進行診療之費用。	以健保身分就醫時，限額內理賠因意外至合格的醫療院所進行診療之費用；非健保身分就醫，則限額內會打折理賠。 非健保給付：實際支出 ×65%。

資料來源：作者整理

何謂保證續保？

示範條款：

本契約保險期間為一年，保險期間屆滿時，要保人得交付續保保險費，以逐年使本契約繼續有效，本公司不得拒絕續保。

白話解釋：只要保戶持續繳交保費，無論是之前申請理賠或是健康狀況下降，只要持續繳保費，保險公司不管任何理由都不能拒絕續保。對保戶而言，這是最有利的條款，因為保險公司沒有拒絕續保選擇權，選擇權掌握在保戶手上。

因此，我會建議意外險的規劃，以壽險公司與產險公司的產品互相搭配最優，這樣才能達到保費相對便宜，保障相對高的狀態。

人生總是免不了意外，但是我們仍能替自己準備一把傘，預防未來的風雨，意外險就是那一把傘，建議您一定要準備。

8

保障型保單：癌症險、重大疾病及重大傷病險

美國的研究表示，美國女性終其一生有 39% 的機會診斷出罹患癌症，而美國男性罹患癌症的機率則是 45%。

中國醫學科學院腫瘤醫院《2014 年最新研究解析中國腫瘤流行病譜》中曾提到：目前中國癌症發病率為每 10 萬人中有 285 人罹癌。中國每年新發生癌症病例約為 312 萬例，平均每天確診 8,550 人，即每分鐘有 6 人被診斷為癌症，而每年因癌症死亡病例達 270 萬例。按照人均期望壽命計算，中國人一生罹患癌症的機率為 22%。

以台灣的數據來看，癌症已經連續 35 年蟬聯國人 10 大死因的首位。根據國民健康署最新統計，2015 年癌症新發生病例高達 10 萬 5,156 人，代表著「癌症時鐘」又再快轉 6 秒，每 5 分鐘就有 1 人罹患癌症，台灣人罹患癌症的機率大約為 30%。

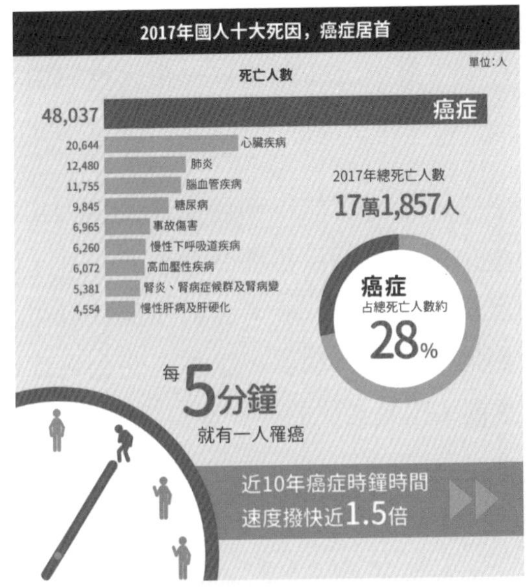

資料來源：衛生福利部國民健康署

我們必須要面對一個殘酷的事實，癌症是我們一定得面對的議題，因此癌症相關的保險，也是我們幾乎都需要準備的保險了。

縱橫電視圈 17 年，微博粉絲 500 萬人的星座專家薇薇安（本名陳佳瑛），因癌症辭世，享年 43 歲。而台灣企業界鉅子裕隆集團董事長嚴凱泰先生，106 年 4 月間發現上呼吸道有腫瘤，至 107 年 12 月辭世，短短不到 2 年時間，也是因為癌症去世，享年 54 歲，令人不勝唏噓。我們知道癌症的發生，已經不只是老年人的專利，即使是少年，也不能輕忽。

人生中有 5 項風險，很容易造成經濟重創，分別是失能、死亡、重大疾病、意外、住院醫療。重大疾病中又以癌症發生的機率最高，也是往往造成一般家庭經濟重創的主因之一。

面對幾乎人人都有可能得到癌症以及重大疾病，我們該如何透過保險來規避相關風險呢？我認為吃好、睡好、規律的生活，加上規律的運動，能減少很多癌症發生的機率，而保險能夠做到的就是損害補償，讓你在得到癌症時，經濟較不容易受到重創，但是最好的方式還是不要得到癌症。

癌症險

首先，我們先來認識傳統的癌症險，它主要給付的項目有 3 項：

- **【罹患癌症保險金】**：一次性給付的癌症保險金
- **【癌症住院日額保險金】**：保額 × 住院天數
- **【癌症住院手術醫療保險金】**：保額 × 固定數字或保額 × 給付倍數

而初步看來，其中最重要的是【癌症住院日額保險金】，其餘兩項給付相對沒有那麼重要。可是我們仔細思考一下，目前的醫療環境跟十多年前是完全不一樣的，目前的癌症治療一定需要住院嗎？如果真的因為癌症住院了，我們前面所購買的日額型醫療險或是實支實付型醫療險是否就已足夠，不需要額外新增癌症住院日額？

另外，我更在乎的是，其實現在癌症的治療方式非常多種，尤其是新式的治療，這些才是治療癌症花費最大的項目。這些新式的治療，無論是先進手術、標靶藥物、雞尾酒療法、免疫療法，住院的時間都相當的短，但是花費極大，傳統癌症險主要理賠項目是住院日額，相對來說是否比較沒有效果呢？

圖 8-1 標靶藥物的自費價格

標靶藥物名稱	治療項目	費用
Herceptin（賀癌平）	乳癌	6.5萬元／月
Nexavar（蕾莎瓦）	肝癌，腎細胞癌	一個月 18~20萬
MabThera（莫須癌）	非何杰金氏淋巴瘤	一劑 48,400元； 6個療程約 29萬元
Avastin（癌思停）	結腸癌，大腸直腸癌，乳，肺癌	18萬元／月
Erbitux（爾必得舒）	肺癌，大腸直腸癌，口咽癌，下咽癌，喉癌，食道癌	13萬元／月
Iressa（艾瑞莎）	肺腺癌	1,600／顆
Tarceva（得舒緩）	肺癌、肺腺癌	1,860／顆
Sutent（紓癌特）	晚期腎細胞癌；惡性腸胃道基質瘤	一個療程約 28萬元
Taxotere（剋癌易）	肺癌、乳癌，前列腺癌	4.1萬元／天
Tykerb（泰嘉錠）	乳癌	8.9萬元／月

資料來源：國家衛生研究所

圖 8-2 罹癌治療之項目價格表

單位：新台幣／元

標靶藥物	Herceptin（賀癌平）｜乳癌	6.5萬／每月
	Avastin（癌思停）｜結腸癌、大腸直腸癌、口腔癌	18萬／每月
	Nexavar（蕾莎瓦）｜肝癌、腎細胞癌	20萬／每月
新式診斷	正子斷層掃描	4~5萬／每次
	預防型基因檢測（視項目而定）	6~18萬／每次
	磁振暨正子掃描同步整合型系統	9萬／每次
新式放療	螺旋刀	16~30萬／每次
	6 D亞瑟刀	2~20萬／每次
新式手術	聚焦超音波	8.5萬／每次
	達文西機械手臂（視部位而定）	20~40萬元／每次
癌症醫療費用一年平均約 50萬元／人		

資料來源：國家衛生研究所

台灣癌症資訊全人關懷協會理事長謝瑞坤就表示，「過去，最貴的藥物頂多一個月 5、6 萬，若病人有買癌症險，扣除掉支出之後偶爾還有剩，但新一代的標靶藥物，一個月動輒 15 到 20 萬左右，這是以前完全無法想像的數字，光靠舊式的癌症險是絕對不夠用的。」

面對新式療法，還有標靶藥物，這樣的理賠方式真的夠用嗎？

表 8-1 某保險公司癌症險一單位的理賠項目

給付項目	給付金額
初次罹患癌症保險金	10萬元（限一次）
癌症住院醫療保險金	1,000 × 癌症住院天數
癌症出院醫療保險金	500 × 癌症住院天數
癌症手術醫療保險金	20,000 / 次
癌症放射醫療保險金	1,000 / 次
癌症化學醫療保險金	1,000 / 次
癌症門診醫療保險金	600元 （住院前後 30天內）
骨髓移植保險金	10萬元（限一次）
義乳重建保險金	3 萬元（限一次）
義肢重建保險金	3 萬元（限一次）
義齒重建保險金	3 萬元（限一次）
癌症身故保險金	10萬元（限一次）

數萬元的新式療法：僅以「癌症放射治療保險金」每次 1,000 元理賠；

數萬元的新式手術：僅以「癌症手術醫療保險金」2 萬元理賠；

並且以癌症險最重要的理賠項目，癌症住院醫療保險金理賠。

根據健保局的醫療統計顯示，「惡性腫瘤平均住院天數僅 18.1 天」，其中包含了生命末期入住安寧病房。也就是說，癌症住院天數比想像中短，甚至半數以上都會在 7 天內出院，導致傳統的癌症險效益相對下降。

因此，我認為傳統癌症險不足以應付目前癌症的醫療與風險的規避，建議以一次性給付的重大疾病險或是重大傷病險為主，並且一次性給付保險給付的金額，建議超過新台幣 150 萬元。

重大疾病險

所謂重大疾病險，針對 7 項疾病，包含心肌梗塞、冠狀動脈繞道手術、腦中風、末期腎病變、癌症、癱瘓及重大器官移植，理賠一次性的保險金。

重大疾病保險金的給付

示範條款如下：

被保險人於本契約有效期間內，經醫師診斷初次罹患符合第二條約定重大疾病定義之一者，本公司依照保險金額給付「重大疾病保險金」。被保險人罹患二項以上重大疾病時，本公司只給付一項「重大疾病保險金」。

保險金額以給付一次為限。本公司依前項約定給付保險金後，本契約效力即行終止。

經驗分享：

重大疾病險可不是一般業務員口中所說，只要得了就立刻給付重大疾病保險金喔！

示範條款如下：

腦中風後殘障（重度）：

係指因腦血管的突發病變導致腦血管出血、栓塞、梗塞致永久性神經機能障礙者。

所謂永久性神經機能障礙，係指事故發生6個月後經神經科、神經外科或復健科專科醫師認定仍遺留下列殘障之一者：

1. 植物人狀態。
2. 一上肢三大關節或一下肢三大關節遺留下列殘障之一者：
   (1) 關節機能完全不能隨意識活動。
   (2) 肌力在 2 分（含）以下者（肌力 2 分是指可做水平運動，但無法抗地心引力）。

上肢三大關節包括肩、肘、腕關節，下肢三大關節包括髖、膝、踝關節。

3. 兩肢（含）以上運動或感覺障礙而無法自理日常生活者。所謂無法自理日常生活者，係指食物攝取、大小便始末、穿脫衣服、起居、步行、入浴等，皆不能自己為之，經常需要他人加以扶助之狀態。

4. 喪失言語或咀嚼機能者。

言語機能的喪失係指因腦部言語中樞神經的損傷而患失語症者。所謂咀嚼機能的喪失係指由於牙齒以外之原因所引起的機能障礙，以致不能做咀嚼運動，除流質食物以外不能攝取之狀態。

因此，我們從上面的條款來看，達成重大疾病險理賠中風的條件為永久性神經機能障礙者（具體的表現就是發生6個月，經神經科、神經外科或復健科專科醫師認定仍遺留下列殘障之一，才能獲得理賠），絕對不是一般業務員所說「只要中風了就理賠」。中風有分為輕度與重度，重大疾病險的中風理賠，指的是重度的中風，這是我們在買保險的時候，就需要非常注意的細節。

那麼癌症呢？重大疾病險最重要的就是規避癌症的風險。

示範條款如下：

癌症（重度）：

係指組織細胞有惡性細胞不斷生長、擴張及對組織侵害的特性之惡性腫瘤或惡性白血球過多症，經病理檢驗確定符合最近採用之「國際疾病傷害及死因分類標準版本歸屬於惡性腫瘤，且非屬下列項目之疾病：

1. 慢性淋巴性白血病第一期及第二期（按 Rai 氏的分期系統）。
2. 10 公分（含）以下之第一期何杰金氏病。

3. 第一期前列腺癌。
4. 第一期膀胱乳頭狀癌。
5. 甲狀腺微乳頭狀癌（微乳頭狀癌是指在甲狀腺內 1 公分（含）以下之乳頭狀癌）。
6. 邊緣性卵巢癌。
7. 第一期黑色素瘤。
8. 第一期乳癌。
9. 第一期子宮頸癌。
10. 第一期大腸直腸癌。
11. 原位癌或零期癌。
12. 第一期惡性類癌。
13. 第二期（含）以下且非惡性黑色素瘤之皮膚癌（包括皮膚附屬器癌及皮纖維肉瘤）。

在重大疾病險的定義中，一定是要屬於重度癌症才能獲得理賠，因此在條款中，它排除了許多種可以治療且手術後恢復健康機率很高的癌症，例如：原位癌或零期癌，以及許多一期的癌症。

雖然它理賠的項目相對嚴 ，但是在實務上，很多癌症的發現都是相對晚了，例如帶走嚴凱泰先生的食道癌，發現時通常多已是三期，甚至是四期了。

還有國人十大癌症死因的肝癌：

「明明就沒有不舒服，每天正常吃飯、睡覺、上班，體力也都沒問題，怎麼可能會得肝癌？！」很多被檢查出罹患肝癌的患者通常都無法接受，為什麼肝臟長了腫瘤自己竟然一點感覺也沒有？

雖然重大疾病險無法涵蓋所有的癌症範圍，但是只要是嚴重的癌症，都能獲得重大疾病保險金的的理賠。

重大傷病險

首先，就以條款來看看重大傷病險的定義，以及除外不保的事項。「重大傷病」之定義：係指被保險人於本附約生效日起持續有效30日（不含）以後或自復效日起，被保險人經醫師初次診斷為重大傷病，並取得「全民健康保險保險人」核發之重大傷病證明，才符合重大傷病保險金申領資格。

本保險重大傷病範圍為「全民健康保險重大傷病範圍」，但不包含以下項目：

1. 遺傳性凝血因子缺乏。
2. 先天性新陳代謝異常疾病。
3. 心、肺、胃腸、腎臟、神經、骨骼系統等之先天性畸形及染色體異常。
4. 先天性免疫不全症。
5. 職業病。
6. 先天性肌肉萎縮症。
7. 外皮之先天畸形。
8. 早產兒所引起之神經、肌肉、骨骼、心臟、肺臟等之併發症。

從上面的條款我們知道，重大傷病指的是經醫生診斷初次罹患重大傷病，並且拿到健保局核發的重大傷病卡，那麼就符合重大傷病險的理賠條件。

重大傷病保險金的給付

那麼重大傷病險如何理賠？其理賠只有一項，並且是一次性給付。被保險人須於本附約有效期間內，經醫院醫師初次診斷確定罹患第二條約定之「重大傷病」，且已依中央衛生主管機關所公告實施之「全民健康保險保險對象免自行負擔費用辦法」規定，取得全民健康保險核發之重大傷病證明者，保險公司按重大傷病診斷確定日之保險金額給付重大傷病保險金。

假設我們買了重大傷病保險，保額為 100 萬元，如果不幸在 3 年後就罹患癌症（癌症為重大傷病範圍之一），並且經過健保局核發重大傷病卡，之後就得以向保險公司申請重大傷病理賠，理賠條件非常清楚而且簡單，沒有爭議。重大傷病險依據健保重大傷病卡資格，理賠一次性的保險金。

目前我認為此險種主要是作為防癌的規劃，相較於重大疾病險對於癌症的理賠重大傷病險比較寬鬆，較無爭議，並且保障範圍高達 400 多項以上。若不幸導致除了癌症之外的相關疾病，還能獲得理賠，相較於重大疾病險與癌症險來說，保障更廣。

重大傷病險除了理賠方便之外，保險涵蓋範圍廣，但到底有多廣呢？

表 8-2 全民健康保險重大傷病證明有效領證統計表

108 年 5 月　　製表日期：108 年 6 月 3 日

重大傷病種類		本月新申請領證數	截至本月底止累計有效領證數
1.	需積極或長期治療之癌症	10653	413417
2.	遺傳性凝血因子缺乏（血友病）	3	1529
3.	嚴重溶血性及再生不良性貧血	17	1283
4.	慢性腎衰竭（尿毒症），必須接受定期透析治療者	882	85186
5.	需終身治療之全身性自體免疫症候群	377	115069
6.	慢性精神病	429	200420
7.	先天性新陳代謝異常疾病	42	15765
8.	心、肺、胃腸、腎臟、神經、骨骼系統等之先天性畸型及染色體異常	243	36242
9.	燒燙傷面積達全身百分之二十以上；或顏面燒燙傷合併五官功能障礙者	15	417
10.	接受腎臟、心臟、肺臟、肝臟、骨髓、胰臟及小腸移植後之追蹤治療	111	15384
11.	小兒麻痺、腦性麻痺所引起之神經、肌肉、骨骼、肺臟等之併發症者（其身心障礙等級在中度以上）	17	13078
12.	重大創傷且其嚴重程度到達創傷嚴重程度分數 16分以上者	569	8551
13.	因呼吸衰竭需長期使用呼吸器者	1209	11026
14.	因腸道大量切除或失去功能，或其他慢性疾病引起嚴重營養不良者，給予全靜脈營養已超過 30天，口攝飲食仍無法提供足量營養者	5	70
15.	因潛水、或減壓不當引起之嚴重型減壓病或空氣栓塞症，伴有呼吸、循環或神經系統之併發症且需長期治療者	1	13
16.	重症肌無力症	57	5019
17.	先天性免疫不全症	1	177
18.	脊髓損傷或病變所引起之神經、肌肉、皮膚、骨骼、心肺、泌尿及胃腸等之併發症者（其身心障礙等級在中度以上者）	22	8088
19.	職業病	3	2665
21.	多發性硬化症	2	1102
22.	先天性肌肉萎縮症		437
23.	外皮之先天畸形		117
24.	漢生病		163
25.	肝硬化症	74	5836
26.	早產兒所引起之神經、肌肉、骨骼、心臟、肺臟等之併發症		10
27.	砷及其他合物之毒性作用（烏腳病）		85
28.	運動神經元疾病其身心障礙等級在中度以上或須使用呼吸器		129
29.	庫賈氏病		15
30.	罕見疾病	26	10565
	合計	14758	951858

資料來源：衛福部

由幾個重要的統計可以清楚的看到：

1. 目前領取重大傷病卡的人數有 951,858，台灣目前人口數 2,300 萬，也就是說目前領到重大傷病卡的人接近台灣總人口的 5%。
2. 台灣最多重大傷病卡的領卡是因為癌症，總數是 413,417，也就是說癌症人數佔全台灣總人口將近 2%。
3. 其次是台灣越來越常見的慢性精神病：思覺失調症（舊名精神分裂症）、妄想症、憂鬱症、雙極性情感精神病（舊名躁鬱症）、強迫症、恐慌症。
4. 第三是自體免疫症候群，最常見的例如家族遺傳的紅斑性狼瘡，以及某些案例中是由感染或其他環境因子誘發。一般認為是自體免疫造成的常見疾病包括乳糜瀉、1 型糖尿病、格雷夫斯病、炎症性腸病、多發性硬化症、牛皮癬、類風濕性關節炎和系統性紅斑狼瘡。
5. 第四是尿毒症。簡單來說，就是需要洗腎的患者；健保局公佈台灣腎臟病患約 6 萬 2,000 人，每年花費健保費 327 億元，平均每人每年醫療支出 52 萬元，其中洗腎病患約 5 萬人。由於慢性腎衰竭早期症狀並不明顯，所以許多病患等到身體不舒服去醫院檢查，才發現已經到非常嚴重的程度，不少人因此要終身洗腎。在台灣洗腎人口密度高居世界第一，尿毒症儼然成為新國病。在費用上，一年花費高達 281 億元，平均每人每年洗掉 60 萬元，佔重大傷病門診費用之首。終身洗腎的尿毒患者，每年仍以 8,000~9,000 人數增加中。

重大傷病險的好處就是，當拿到健保局核發的重大傷病卡時，保險就會理賠，並且這些疾病其實常常出現在身邊的人身上。因此，這個險種在分類上屬於發生機率高，並且損傷大的風險，非常適合透過保險來規避相關風險。

經驗分享：

目前大家最擔心的就是癌症相關的病症，但看了這麼多，癌症險、重大疾病險與重大傷病險，到底哪一種比較適合呢？

下面是我整理的比較表，給大家參考。

表 8-3 癌症險、重大疾病險、重大疾病及特定傷病險、重大傷病險比較

險種	理賠範圍	給付方式	保費
癌症險	理賠範圍小，只理賠癌症。	一次性給付 癌症住院日額 癌症手術	中
重大疾病險	理賠範圍中，理賠包含癌症、心肌梗塞、心血管繞道手術、慢性腎衰竭、癱瘓、重大器官移植、中風。	一次性給付	中
重大疾病及特定傷病險	理賠範圍中，除了 7項重大疾病（包含癌症）加上阿茲海默型失智、帕金森氏症、紅斑性狼瘡、運動神經元疾病、重大燒燙傷 ...等共 22項。	一次性給付	偏高
重大傷病險	理賠範圍大， 取得重大傷病卡為唯一的理賠條件，雖然不賠原位癌，但能夠理賠大部分重大傷病、重大疾病，共有 22類，近400項之多。較符合近期的醫療趨勢，保障範圍也廣。	一次性給付	高

資料來源：作者提供

看完上表之後，給大家一些建議：我認為要規避癌症的風險，最好的方式是前面提過的足額的實支實付醫療險（雜費 20 萬以上）加上 200 萬以上的重大傷病險，癌症險相對比較不重要。

癌症最花錢的部分，其實是新式化療、新式手術，以及標靶藥物，如果是傳統的癌症險，罹患癌症的一次性給付相對少， 而且目前的癌症治療住院的天數也相對降低，因此癌症險的理賠效果相對差。但是如果是重大傷病險＋足額實支實付醫療險，這個時候重大傷病險一次性理賠 200 萬元的重大傷病給付，恰巧可以符合標靶藥物＋新式手術＋新式化療等高額費用。

如果是要住院的手術時，雜費 20 萬以上，重大傷病險也比癌症險的手術理賠多，並且可以選新的療法，例如：機器手臂、螺旋刀等，可用雜費理賠，住院時我們可以選擇較好的病房，讓醫療品質更好一些。

以 30 歲男為例子：

1. 台灣人壽卡安心一年期定期重大傷病健康保險附約（CIR3）保額 100 萬，保費 3,100 / 年。

2. 遠雄人壽保安心重大傷病一年定期健康保險附約（RG1）保額 100 萬，保費 3,380 / 年。

表 8-4 兩大保險公司之重大傷病一年定期健康保險附約比較

年齡：30歲　性別：男性　職等：職等 1（內勤人員、教師、家庭主婦等）	
台灣人壽卡安心一年期定期重大傷病健康保險附約（CIR3）	遠雄人壽保安心 B型重大傷病一年定期健康保險附約（RK1）
一年期	一年期
100萬	100萬
3,100元／年	3,380元／年

資料來源：作者整理

癌症險、重大疾病險、重大傷病險屬於比較複雜的險種，我真的建議請專業人士協助您規劃一個完整的保障，同一時間可以兼顧保障相對高，並且保費相對便宜。

9 小資族的保單規劃

馬雲曾說：「買保險不能改變生活，但是可以防止生活被改變」，這恰巧就是對小資族買保險這件事情最好的詮釋。

我對於小資族的定義是，資產淨值低於 10 萬美元，或是單身年薪低於 60 萬台幣，或是家庭年收入低於 100 萬台幣。處於這個財務階段的人最擔心風險發生，因為一旦發生重大風險，那麼生活一定就得被迫改變。

人生中有數個重大風險，必定需要透過保險來規避。常言道：不怕一萬，只怕萬一。無常跟明天誰會先到？是你我都無法預料的，因此，只能透過事前的規劃來防備。

如何精省買保險？

其實所有買保險的動機，都是為了愛！

我在規劃高齡長輩的失能保障時，曾聽到這一段的對話。

父母：我們花錢買這個保險，其實就是為了不要拖累你們（指的是業主）。

子女：謝謝爸媽的愛心。

筆者：交給我，我會用合理的保費把保障做到極大化。

言下之意，一切都是為了愛！

而我在規劃一家之主的時候，也曾經有這樣一段深情對話。

一家之主：我現在買保險，是因為我知道現階段的我無法完全保障你們未來的生活無虞，萬一我怎麼了，那麼這一家該如何是好？

言下之意，一切都是為了責任。

其實無論是誰在規劃保險的時候，都是為了一個目的，那就是為了愛與責任。

因為有了責任，所以知道現在資產沒有辦法一肩扛起家庭所有經濟的責任，必須要透過保險這個工具來轉嫁風險，讓家庭的財務得到保障，才能安心無虞的生活！

而責任較輕、剛出社會工作幾年的小資族、新手家庭，該買保險嗎？又該怎麼規劃？怎麼買比較精省呢？

一位保險前輩說得好，「世界上除了保險之外，沒有任何商品能夠保證事情發生的時候，你的一萬可以變成一千萬來守護家庭。」保險是窮人的保命符，套句以前長輩跟我說過的話，「有錢人病了，有的是錢治病，萬一口袋空空的窮人生病，只能坐以待斃。」

在保險上，以小博大是使用正確的保險規劃，用小錢換來大保障，讓我們無懼於風險的發生。只是，一個月 20K、30K，家庭年所得 80 萬元以下，除了生活必需支出：房租、水電、網路、吃喝玩樂等支出之外，還要繳保費，實在有點辛苦，因此投保有一個大方向、兩大原則。一個大方向就是把錢花在刀口上，用最少保費買到最大保障，兩大原則就是：

1. **保大不保小**：針對無法承擔的風險，購買足額的保障，如失能、死亡、重大疾病、醫療、意外，這 5 項不可抗力的狀況，做足準備。

2. **保費要便宜**：保險中有終身險與定期險，在選擇上，小資族應該優先以定期險規劃足夠的保障，等到資產慢慢成長到超過 10 萬美元以上，再考慮終身型的險種。

人生中有四大風險：失能、身故、重大疾病（癌症）、醫療，希望至少能達到下面的保障。失能險月給付超過 5 萬，重大疾病＋癌症要達到一次性給付 200 萬，副本可理賠的實支實付型住院醫療險至少有 20 萬的雜費項目。

保險的目的主要是轉嫁我們承擔不起的風險，尤其是對被動收入與資產還沒有足以承擔風險的時候。四大風險中，我認為失能的風險最大，而且造成的經濟損失也是最巨大。但無論是重大醫療、重大疾病、重大意外，甚至是長命百歲，最後都會走向失能這一狀態，因此我認為這是必備的險種。因此，我們的保險前輩鄭正一老師有下面的感嘆，我也贊同。

你一定要自己先幫自己

例如買正確的保險
就好像生病或意外時
有張涵蓋範圍最大的失能扶助險
來支撐未來體況逐漸變差的時候

資料來源：作者提供

其次，我認為醫療險的保障要放在第二，因為醫療涵蓋的範圍很廣，無論疾病或者是意外都在其中，並且這關乎於醫療品質與術後的風險，金錢的差異造成了醫療效果的顯著好壞，因此這個風險我認為要排第二位。

最末就是重大疾病了。但是在說重大疾病之前，我最建議的是，把身體照顧好，不要過勞、不要熬夜、少抽菸、少喝酒，一週固定的運動，養成良好的生活習慣，因為身體不健康，很容易就把過去辛辛苦苦積累的金錢，全數都奉獻給醫療體系了。我們賺錢的目的，除了實現自我之外，還有就是要讓自己享受金錢帶來的優質服務，最後能用這些金錢去幫助更多的人，這才是一個正向的循環。

就以台灣重大傷病最常發生的癌症來說，很多都是因為不良的生活習慣與污染的環境所造成。除了保險之外，我們更應該用金錢來換取好的食物、空氣和水，並且保持身心健康。 如果無常還是來到，至少我們還有保險來規避風險的發生，讓我們免於財務上的重創，影響自己也影響家人的生活。

所以根據上面的論述，在規劃保險的順序上應為失能＞醫療＞重大疾病（癌症）。但如果考量到失能的保費相對較貴的時候，建議：醫療＞失能＞重大疾病（癌症）。

避免常見的錯誤

那麼小資族保險時該買的合適額度是多少？規劃上有什麼細節需要注意？我的經驗分享一常見的錯誤範例。

第一：保費不要超過家庭年所得的 15%

全家人包含車險等產物保險的總保費，儘量不要高於家庭年所得的 15% 。人的一生是來照顧家人，享受人生的，而不是來幫保險公司打工的。

以家庭年收入 100 萬來計算，一家人的總保費（不含儲蓄與投資型保單）不要超過 15 萬，如果超過 15 萬，會造成家庭的基本開銷被壓縮，很容易就會因為資金不多，忘記準備更重要的退休金，進而讓家庭陷入低儲蓄的陷阱。

第二：大人優先於小孩

在規劃的實務中，我常遇到一個狀況，就是家庭經濟支柱（大人）保障嚴重不足，但是小孩保障相對較多的情況。

一家之主才是最需要保障的人，如果他倒下了，其實整個家庭的經濟就毀滅了，因此一家之主他的保障一定要充足。

第三：定期型險種優於終身型

如果是年薪只有百萬的家庭，儘量要以定期險作為保障的工具，因為如果是終身型的保險，保費大約是定期型的 2~5 倍，很容易就造成保費支出過重，然後保障不足的狀況。

綜合上述 3 個重點，我規劃的重點就在於，保費相對便宜，並且保障要充足。具體的實現方式就是透過定期型的產品先把保障做足，等後面經濟狀況較好時，再考慮是否規劃終身型的產品。

以三大類保障具體的數字與經驗分享，我的建議是：

1. 失能險

失能月給付金要高過 5 萬元。前文有敘述兩種計算的方法：

- 基本開銷法：5 萬 / 月，請外籍看護＋基本生活開銷
- 所得替代法：月薪的 50% ＋ 3 萬的外籍看護

這些都是非常科學化的實質需求計算，預算不足的先用定期型的保險補強，而且家庭經濟支柱（通常是父親）一定要把保險的額度買好、買足。台灣家庭通常都是母親作為家庭照顧者，由父親擔當家庭開銷的重任，所以萬一父親怎麼了，這一家的經濟狀況就會一夕間崩毀。

例如：家庭月基本開銷 6 萬，我建議，至少家庭經濟支柱之失能月扶助金必須超過 6 萬，並且加上 2 萬的醫療器材等相關開銷家庭承保的順序：大人＞小孩；經濟支柱＞其他家人

2. 醫療險：

我最重視的是實支實付型的醫療險，建議雜費額度要超過 20 萬，並且分開為兩家可副本理賠的保險公司承保。

目前醫療最花錢的其實是下面會造成家庭經濟負擔的狀況。

(1) 長期住院：一次住 30 天以上。

(2) 住院 3 天自費手術花了 30 萬元。

自費手術如癌症的螺旋刀（一台刀約 10~20 萬）、達文西機器手臂手術（一台刀 15~30 萬）。

(3) 住院 3 天使用自費優質的醫療器材，醫療品質好。

自費醫療器材如美容膠、優質的人工關節、健保不給付的藥品。

(4) 住單人病房，不擔心旁邊的患者傳染與干擾。

如住院時，旁邊的患者是因為嚴重的肺炎住院，而且是有傳染性的肺炎，此時左右兩旁的人都會非常緊張，擔心院內傳染。然而健保病房通常是 3~4 人在同一房，無可避免的隱私問題，還有互相干擾的問題，都會影響住院醫療的品質。

而實支實付型的醫療險，恰巧就有病房費差額可以解決這個問題，就不用再為了這個問題煩惱了。以上這些都是實支實付型的醫療險比較能夠涵蓋的範圍。

日額型的醫療險主要針對住一天理賠多少錢，這樣的險種相較於實支實付型的醫療險效益差一些。並且因為 DRGs 實施的關係，整體住院日數大幅度降低，醫院非常容易健保床位不足，造成病患仍未完全康復到可以出院的狀態，就被醫院強迫出院或是強迫轉院。但是如果是自費的病患，醫院就會奉為上賓，醫療品質相對較優、也較好。

因此我建議，實支實付型的醫療險雜費項目兩家相加最好能超過 20 萬較為完美。

3. 壽險：

我會用公式獨立計算：家庭責任＋負債，因此非常好量化這個額度，並且壽險與意外險可以互相搭配。

例如：房貸 1,000 萬，並且有兩個小孩要扶養，因此，壽險需求金額就是 1,000 萬＋（250 萬 ×2）＝ 1,500 萬

1,500 萬可以減去淨值，假設房子與存款、股票市值 500 萬，即 1,500 萬 –500 萬 = 1,000 萬

這 1,000 萬就是保障的缺口，我建議用壽險與意外險共同分擔，500 萬使用定期壽險，另一 500 萬使用意外險，這樣就可以把不足的缺口補足。

結論：

小資族如果要規劃保單，我建議把握一個原則：**保費便宜，保障相對高**。失能月給付要超過 5 萬，重大疾病＋癌症要達到一次性給付 200 萬，副本可理賠的實支實付型住院醫療險至少要有 20 萬的雜費項目。按照我過去規劃的經驗，一名 30 歲男性要達到上面的保障，保費大約需要新台幣 5 萬元左右，若是 30 歲女性，大約需要 4 萬台幣就可以完成。 如果真心想要自己過得無憂無慮，保險不能少！

新生兒的必備保障

在規劃新生兒保單之前，我必須要再次叮嚀，大人應該先把自己的保障補足。父母當然是家裡重要的經濟支柱，沒有父母的協助，小孩不可能平安長大，因此，我一定要苦口婆心地跟大家說明，大人應該要先檢視自己原有的保障是否完整、是否還有風險缺口，確認大人沒有問題之後，行有餘力再去買小孩的！

規劃原則為用最精省的保費完成足額的保障，可採用副本可理賠的雙實支實付，雜費額度大於20萬，規避小孩最有可能發生的意外事故與不明原因的疾病，並且加上重大傷病險，預防小兒先天性重大疾病與癌症，最後再加上意外險，防止小孩好動受傷害，這樣就能幾乎涵蓋小孩的保險需求了。

小朋友住院機率高，所以醫療實支實付很重要。在小朋友的成長過程中，幾乎都會遇到各種傷病侵襲。實支實付型定期醫療險能提供住院病房差額及住院期間耗材、藥費等醫療雜費的給付，部分實支實付醫療險甚至可以理賠門診手術費用。如果預算較充裕，請規劃兩家可副本理賠的實支實付，一家實支實付抵銷住院的支出，一家實支實付補償住院當下的照護費用。

而重疾癌症治療費用高，必須以重大傷病險來守護。雖然小朋友罹癌的機率相對於成人來說並不高，但罹癌後的療程冗長、費用昂貴，且隨著更昂貴但更有效率的癌症新療法的問世，一次性給付的重大傷病險能增加治療癌症的選擇權，可以讓你更自由的選擇治療方法。另外，小朋友血癌、眼癌等重大疾病，通常於 5、6 歲以前就有較高的機率被發現，故儘早投保也很重要。

意外險也不可少。小朋友遇到大小意外的機率頗高，如：意外骨折、燒燙傷，意外險能幫助爸媽減輕意外醫療費用的負擔。

在規劃的實務上，我會從 3 家中選兩家的保險商品來規劃小孩的保險。而挑選實支實付險的重要眉角，就如前文所提到：1. 副本理賠，2. 概括式的寫法，3. 有保證續保的條款。以下為我所規劃的示範實例。

圖 9-1 新生兒保單規劃實例

全球人壽

商品	年期	保額	單位	保費
全球人壽失扶好照終身健康保險(G版) (LDG)	30年期	1.5	萬	3,465 元
附約 全球人壽醫療費用健康保險附約 (XHR)	一年期	計劃五 (雜費12萬)		3,147 元

遠雄人壽

商品	年期	保額	單位	保費
遠雄人壽雄安心終身保險(106) (FX7)	20年期	10	萬	3,960 元
附約 遠雄人壽康富醫療健康保險附約 (RJ1)	一年期	計劃二 (雜費30萬)		3,421 元
附約 遠雄人壽保安心B型重大傷病一年定期健康保險附約 (RK1)	一年期	100	萬	3,380 元
附約 遠雄人壽超級新人生傷害保險附約 (XHG)	一年期	100	萬	1,110 元
附約 遠雄人壽傷害醫療保險附約(健保實支) (MRB)	一年期	3	萬	369 元

資料來源：作者提供

這樣的規劃年化保費大約 1.8 萬左右，保費相對精省，也滿足了基本保障。主要能夠解決 3 項問題：

- 醫療保障：總和有 42 萬的雜費項目，應可涵蓋絕大多數的醫療範圍。
- 重大傷病：100 萬的保障額度可防止小兒癌症，而且一年保費不過 3 千元上下。
- 意外保障：至少有兩張住院實支實付，加上 3 萬元的意外實支實付，保障足。

實支實付醫療險

表 9-2 為全球人壽實支實付醫療險計畫五的內容。此險種的特色是副本理賠，病房費差額高，雜費部分有 12 萬，並且保證續保到 80 歲。所以，如果你沒有附上收據的時候，它會按照住院天數 ×1,680 理賠；如果你附上收據的時候，它就會按照收據的內容理賠，但是原則上不超過雜費限額 12 萬元（PS：這些雜費必須是用在疾病的醫療上，如果是美容相關的，則不在理賠範圍內）。

表 9-3 為遠雄康富實支實付醫療險的內容。此保險的特色在於它的雜費項目非常的高，並且保證續保到 85 歲，同時小孩的保費相對比較便宜（缺點是 40 歲以後保費飆漲）。

A 或 B+C+D 擇一種組合理賠

A. 如果沒有附上收據，則只給付住院日額（1,500/ 日）

B. 只要住院，遠雄就給付 7,000 元的住院慰問保險金

表 9-2 全球人壽實支實付醫療險計畫五的內容

被保險人	
被保險人於本契約有效且在繳費期間內 ,因疾病或傷害致成保單條款附表列第一級至第六級殘廢程度之一者，本公司自殘廢診斷確定日起，豁免本契約 (不含附約)至繳費期間屆滿前之各期保險費，本契約繼續有效，但不退還當期已繳之未滿期保險費。「疾病」係指被保險人自本契約生效日 (或復效日)起所發生之疾病；「傷害」係指被保險人於本契約有效期間內，遭受意外傷害事故，而蒙受之傷害。	
【全球人壽醫療費用健康保險附約】	
A或 B項擇一理賠	
A. 日額保險金	1680
B.	
1. 每日病房費用保險金限額 (包括病房費、膳食費、特別護士以外護理費及醫師診察費)	3000
加護病房或燒燙傷處理中心病房 (每次住院最高以 15日為限)	6000
2. 手術費用保險金限額 (最高可達四倍)	55000
3. 住院醫療費用保險金限額	
住院天數 1~30日，最高限額	120000
住院天數 31~60日，最高限額	240000
住院天數 61~90日，最高限額	360000
住院天數 91~180日，最高限額	480000
住院天數 181~365日，最高限額	600000
4. 義齒、義肢、義眼、眼鏡、助聽器或其他附屬品保險金，限額	6000
「疾病」係指被保險人自本附約生效日起持續有效三十日或復效日以後所發生之疾病。但續保者，自續保之日起發生的疾病，不受三十日限制。另如被保險人投保時之保險年齡為零歲者，就其依行政院衛生署國民健康局公告之新生兒先天性代謝異常疾病篩檢項目所篩檢之疾病，亦不受三十日限制。	

C. 實支實付額度 30 萬

D. 健保不給付的手術也還有給付，最高 20 萬元

因此，從上面的規劃就可以知道，至少我們在面對住院醫療的時候，雜費項目 42 萬是個非常充足的額度了。

重大傷病險：以遠雄保安心 B 為例（圖 9-4）

1. 只要取得重大傷病卡，就理賠 100 萬元，契約終止。
2. 重大疾病保險金，理賠 100 萬元，契約終止。

表 9-3 遠雄康富實支實付醫療險的內容

遠雄人壽康富醫療健康保險附約

項目		金額
一、住院日額保險金 (日額給付)	每日	1,000
二、住院醫療輔助保險金 (日額給付)	每日	500
三、住院慰問保險金 (定額給付)	每次	7,000

被保險人於同一次住院期間，本公司僅給付一次「住院慰問保險金」。

項目		金額
四、住院醫療費用保險金 (副本實支實付)	最高每次	300,000

被保險人因保單契約條款之約定而以全民健康保險之保險對象身分住院診療時，或急診 就醫有實際暫留情形且醫院已收取暫留床費時，本公司按被保險人住院或急診期間內所發生，且依全民健康保險規定其保險對象應自行負擔及不屬全民健康保險給付範圍之保 單契約條款所列各項費用核付「住院醫療費用保險金」，但同一次住院給付金額不超過依投保計劃別對應保單契約條款附表所列之 「住院醫療費用限額」。(不包括超等住院之病房費差額、管灌飲食以外之膳食費及護理

項目		金額
五、手術費用保險金 (副本實支實付)	最高每次	200,000

1. 被保險人因保單契約條款之約定而以全民 健康保險之保險對象身分於住院或門診診療 時，本公司按被保險人於住院或門診期間內 所發生，且依全民健康保險規定其保險對象應自行負擔及不屬全民健康保險給付範圍之手術費及手術相關醫療費用核付「手術費用保險金」，但不超過依投保計劃別對應附表所列之「手術費用限額」。
2. 手術係指符合保險事故當時中央衛生主管 機關公布適用之全民健康保險醫療費用支付標準第二部第二章第七節所列舉之手術 ，不包括該支付標準其他部、章或節內所列舉者。

圖 9-4 遠雄保安心 B 型重大傷病一年定期健康保險附約內容

一、重大傷病保險金	定額	1,000,000
1.被保險人於保險期間內，經初次診斷確定罹患「重大傷病」，並取得全民健康保險保險人核發之重大傷病證明者。 2.給付「重大傷病保證金」後，本契約之效力即行終止。		
二、特定重大疾病保險金	**定額**	**1,000,000**
1.給付內容包含急性心肌梗塞（重度）、冠狀動脈繞道手術。 2.給付「特定重大疾病保險金」後，本契約之效力即行終止。		

此險種主要在預防幼童的先天性重大疾病，理賠 100 萬的額度，非常划算。

意外保障

即是針對小孩最容易發生的意外做規避。

如果還覺得上述保障仍然不足，我建議可以用產險公司的商品來補強。透過上面這個規劃範例，我們得知可以用很便宜的保費就買到很高的保障，很適合幫小孩一出生就買。

經驗分享：

保險的時間點越早越好，尤其在小朋友有體況之前，越早保越好。你可以在他（她）一出生報完戶口有身分證字號之後，就立刻投保，趁小朋友體況健康時投保，可以讓保障

圖 9-5 遠雄超級新人生傷害保險附約內容（保額 100 萬元）

一、身故保險金或喪葬費用保險金	定額	0
本項給付自 15足歲起始生效力。		
二、殘廢保險金		
1級殘（詳殘廢程度與保險金給付表）	定額	1,000,000
2級殘（詳殘廢程度與保險金給付表）	定額	900,000
3級殘（詳殘廢程度與保險金給付表）	定額	800,000
4級殘（詳殘廢程度與保險金給付表）	定額	700,000
5級殘（詳殘廢程度與保險金給付表）	定額	600,000
6級殘（詳殘廢程度與保險金給付表）	定額	500,000
7級殘（詳殘廢程度與保險金給付表）	定額	400,000
8級殘（詳殘廢程度與保險金給付表）	定額	300,000
9級殘（詳殘廢程度與保險金給付表）	定額	200,000
10級殘（詳殘廢程度與保險金給付表）		100,000
11級殘（詳殘廢程度與保險金給付表）		50,000
三、重大燒燙傷保險金		500,000
符合現行全民健康保險重大傷病定義		
四、殘廢補償保險金（每月給付）	合計最高	1,500,000
1級殘（詳殘廢程度與保險金給付表）	定額	15,000
2級殘（詳殘廢程度與保險金給付表）	定額	13,500
3級殘（詳殘廢程度與保險金給付表）	定額	12,000
4級殘（詳殘廢程度與保險金給付表）	定額	10,500
5級殘（詳殘廢程度與保險金給付表）	定額	9,000
6級殘（詳殘廢程度與保險金給付表）	定額	7,500
1.除「殘廢保險金」外，額外給付。 2.按月給付殘廢保險金的 1.5%，共給付 100個月。 3.致成第一級至第六級殘廢程度之一，且至診斷確定殘廢之日仍生存者。 4.如於給付期間內身故，將一次給付剩餘之殘廢補償保險金。（以年利率 2%貼現）		

資料來源：作者提供

的效益最大化。如果有其他自費項目篩檢，建議等保險核保之後再去做。小朋友有健康的體況，才能買到最便宜的保費，並順利的投保。

除了法定的新生兒篩檢之外，新生兒是非常容易受到外界感染而生病的，我有許多個案例，都是在新生兒 3 個月內就出現高燒不退的狀態去住院，這個時候如果早已經把保險準備好，那麼就可以有備無患了。

最後，為什麼我在規劃小朋友保單時使用定期險居多，以定期險為優先？那是因為終身險轉嫁風險能力有限，定期險保費低，遭遇風險時能換取較高的保障，且對於日新月異的醫療環境有較高的調整性。以定期險為主的保單，一年約 2 萬元就可以買到包含失能、燒燙傷、意外、醫療、重大疾病、癌症等高額保障，也可降低家庭保費的支出，更能讓小朋友有個好的學習環境跟生活環境。

一家之主的必備保障

所有的規劃都必須從 KYC 開始，或是要懂得自己的財務狀況。通常這樣的家庭經濟結構，常常發生在公務人員以及中小企業主、高薪資所得的家庭上。一家之主即代表家庭的經濟重責大任，都在這一個人身上，多數為爸爸，因此，爸爸一人飽全家吃飽，一人倒全家跌倒。而萬一一家之主倒下了，這個家該何去何從呢？

這樣的一家之主在說保障之前，我還是要叮嚀一下，所有的保險都只是安全防護網，在發生事情的時候提供給家庭一些金錢的幫忙，並沒有辦法替代一個人在家庭帶來的功能。

通常一家之主就是所謂的經濟支柱，家庭責任重大，而且都是高工時、高壓力，三餐不正常，沒有時間運動的族群。我建議，沒有什麼比健康更重要的，身為一家之主反而更需要照顧好自己的身體，沒有健康的身體一切就會變成黑白的。即使如此，我們也不能沒有保險，因為風險的意外隨時都如影隨形。

前奇美醫院住院醫師蔡伯羌，5 年前疑似因為工作超時，在開刀房突然心肌梗塞倒地，雖然最後甦醒，但因為腦部受損，只記得同事，不認得妻子跟兒子，智力一度退化到 6 歲以下，蔡太太從人人稱羨的醫師娘，變成帶著老公小孩的一家之主。

那麼一家之主需要什麼保險？首先，最重要的就是先計算負債總額了。一家之主與其他小資族最顯著的不同，就是壽險額度的計算。畢竟一家人的收入都靠一家之主，他承擔了最大的責任，也就是說他需要最大的保障。

假設一家四口擁有一間市價 1,000 萬的房子，但貸款 700 萬，家庭年收入 100 萬，不過只有爸爸外出工作。台灣交通意外頻傳，因此我建議最先一定要買的就是意外險，它是目前保費最便宜，且保障最高的商品。同時我建議至少要買

500 萬以上的額度，如果是騎機車上下班，更建議拉高保額到 1,000 萬，因為騎機車比開車危險得多。

根據交通部的統計數字，過去 4 年，每年因交通事故所造成的死傷數字約在 40 萬人上下，可見交通事故天天都在上演，傷亡密度極高。如果家中經濟支柱不幸因交通意外倒下，接踵而來的照護費用勢必是筆龐大的負擔，該如何是好？

其次是壽險，因為家庭的負債總共有 700 萬，並且媽媽沒有工作，兩個小孩還小，需要扶養，因此保障的缺口是 700（家庭負債）+ 250（小孩責任）+ 250（小孩責任）+ 300（照顧配偶）= 1,500。1,500 萬減去家庭的存款與股票、基金等過去累計的儲蓄（約 300 萬），1,500 − 300 = 1,200，1,200 萬這個數字，就是一家之主的壽險保障需要的金額。

或是我們用一家之主的年收入 × 10~15 倍。假設一家之主年收入 100 萬，100 萬 × 10~15 = 1,000 ~ 1,500 萬，大致上，跟前面的計算結果是相似的。

再者，一家之主還有最重要的失能險。我在多次演講中一開場，就用這個當作開頭，請問台下的聽眾哪一種風險最可怕：

1. 掛了
2. 重大疾病
3. 沒掛，但是需要人長期照護

幾乎所有的人都會回答3（沒掛，但是需要人長期照護），可是根據我的經驗，多數人明知道失能的可怕，還有對家庭經濟的重創，多數人仍沒有規劃此一險種。除了這是比較新的險種之外，此一險種也是保費較高的一種，因此多數人考量到預算的限制，通常優先刪減這一種險種，不過我非常不建議這麼做。

雖然保險規劃的原則：保大不保小，在此我反而建議，一家之主的失能、壽險、意外3種避免重大風險的險種，都不能偏廢，尤其是對經濟會造成最嚴重影響的失能險，至少要讓一家之主達到失能給付一個月6萬元的狀態，這樣遇到風險的時候，才有足夠的保障。

最後一家之主的醫療保障與重大疾病的風險也不能不顧及，重大疾病我建議用定期型的重大傷病險補足，額度至少需要150萬，實支實付型的醫療險雜費項目也最好要達到20萬以上。

示範實例：

以下是我曾經規劃的個案，一家之主40歲，壽險部分採取20年定期壽險，若一家之主身體不錯，更可以使用優體定期壽險。非吸菸體壽險是目前最便宜的定期壽險，並且費率還低於投資型保單。

圖 9-6 台灣人壽優體定期壽險保單（非吸菸體）

年齡：40 歲 [20-65]　性別：男性　女性　年繳保費 **44,800** 元

年期：20年期　保額：1000 萬 [500-6000 萬]

一般身故	
身故保險金	10,000,000 元

意外身故	
意外身故保險金	10,000,000 元

失能	
完全失能	10,000,000 元

資料來源：FINFO 保險網

如果是一般定期壽險，則可以參考下面幾家的產品，選擇自己喜歡的公司即可。並且在規劃壽險時，我們可以針對 10 年、15 年、20 年、25 年、30 年，或是到 65 歲，做時間性的切割與規劃，同時跟著負債狀況做調整。

圖 9-7 各保險公司之 40 歲男性的定期壽險保單比較

年齡：40 歲　性別：男性　女性　職等 i：職等1 (內勤人員、教師、家庭主婦等)

	遠雄人壽新定期壽險(106) FD5 查看商品	台灣人壽平準型定期壽險附約 LTR2/T02J0 查看商品	友邦人壽平安定期壽險 JTL 查看商品	全球人壽定期壽險 QTL 查看商品
購買人次	68人	1487人	1309人	230人
年期	20年期	20年期	20年期	20年期
保額 / 計畫	1000 萬	1000 萬	1000 萬	1000 萬
	73,200 元 / 年	63,000 元 / 年	71,000 元 / 年	70,000 元 / 年

資料來源：作者整理，FINFO 保險網

經驗分享：

業主為上市櫃公司經理，目前房貸1,500萬，有兩個小孩就讀國小，太太主要是家管，股票、存款等大約500萬，還有一間房子自住（市價2,000萬）、 一間套房出租（市價500萬）。業主本身年收入300萬。因此，我們用壽險公式計算出壽險缺口2,000萬元。

300×10＝3,000－500（套房）－500（存款）＝2,000

我規劃2,000萬的定期壽險是採取階梯式的買法，以節省保費。如：

20年期的定期壽險買1,000萬
10年期的定期壽險買500萬

最後差額的500萬，使用投資型保單所附加的一年期定期壽險（免體檢的最高額度）

以上的規劃就是以當下保障充足而且保費最為節省的方式，因為客戶的資產會慢慢累計，2,000萬的壽險缺口會隨著資產的累計而遞減，並且客戶將500萬做資產配置，我使用殖利率5%的標的，一年可以帶來25萬元的現金收入，套房一年收租也達到15萬元，加上業主本身一年300萬的收入，慢慢可以補足。

而且業主除了接受壽險的規劃之外，也將失能險、重大傷病險、醫療險一次買足。失能險一個月的給付達到 12 萬元（分兩家保險公司承保），重大傷病險 200 萬元，實支實付型的醫療險雜費 20 萬元。

經過這樣的規劃之後，所有的規劃一次買足，並且我還貼心地告訴業主，這個時候許多張信用卡的優惠還勝過保險公司提供的轉帳 1% 優惠，例如：渣打銀行卡 1.88% 不限金額回饋，永豐銀行保倍卡 1.2% 現金回饋，且 12 期分期零利率，完整的規劃與服務，讓業主非常開心。

結論：

一個好的規劃，必然就是能夠幫業主精算成本，用較低的價格完成較大的保障，並且面面俱到。

一家之主的壽險保額，根據負債而定，建議大於 1,000 萬，規避身故產生的家庭責任與負債的風險轉移；失能險月給付 6 萬元以上，無論疾病或意外所產生的失能，風險都能夠被轉移；重大傷病險保額 150 萬以上，不畏懼癌症以及重大傷病的高額醫療費用；意外險保額 500 萬以上，規避交通意外風險；醫療險實支實付型，雜費 20 萬以上，讓醫療費用不用擔心。

10

儲蓄型保單

台灣人最喜歡的一件事情就是存錢了，因此，保險公司因應台灣人的喜好，推出了非常多長得很像存款的保險。到底台灣人有多愛買儲蓄險？根據金管會保險局統計資料顯示，2018 全年新契約保費收入高達 1.17 兆元，其中儲蓄險高達 7,400 餘億元，佔市場比重 54%。

台灣人為何如此偏愛儲蓄型保險？主要是銀行存款利率太低，投資股票、期貨等金融商品有風險，而且大多數人不喜歡價格上有波動的東西，加上銀行的政策是大量去化存款，叫旗下的理專大量地向客戶推薦儲蓄型保險，讓銀行可以去化資金，同時還可以從保險公司拿到手續費收入，一舉兩得。這個現象在 2008 年之後尤其明顯，各大銀行的理專全數都以儲蓄型保險為主要銷售商品，銀行本身財富管理部門的手續費收入佔了銀行手續費收入的 50% 以上，造成大量資金湧向「有類似於儲蓄功能的保險」，造就了另類的「台灣之光」。

那麼保險公司拿到我們的錢之後，表示保險到期後會由保險公司保證未來的給付，那麼人壽保險公司把錢投資到哪裡了呢？壽險公司每年收取保費後，扣除需要給付銷售單位手續費收入、保險理賠、保單到期支付，還有人事及營業等相關費用，至2018年底，尚累積23.739兆台幣的可運用資金（資料來源：壽險公會），這些資金主要運用於現金存款（1.62%）、投資國內有價證券（18.52%）、投資及購買不動產（5.19%）、壽險貸款及放款（5.76%）、海外投資共16.27兆，佔比68.67%最大。

然而投資有賺有賠，尤其是當前的金融環境詭譎多變，國際間各國利率及匯率難以捉摸；因而，利差及匯差成了海外投資最大風險來源。保險公司大量投資海外，很容易會因為匯率波動造成保險公司的重大損失，2019年初的新聞：壽險公司匯損2,200億元，假設支付給客戶的利率是2%，避險成本是3%，表示保險公司的投資報酬率至少要5%以上才能損益兩平，目前壽險公司平均的資金成本是4.1%。

萬一國際金融市場動盪，保險公司RBC不足，加上保險公司自有資本不足，可能讓保險公司有倒閉的現象發生。台灣第一家破產的壽險公司是國光人壽，於1970年倒閉；2008年金融海嘯後，金管會陸續接管了國華、國寶、幸福及朝陽等4家問題壽險公司（多數是因為人謀不臧，掏空公司所造成），全民買單共賠了1,188.68億元，也讓保險安定基金30多年的累積一次見底。

讓「保險歸保險，儲蓄歸儲蓄」，金管會日前大力整頓壽險業，從商品的結構下手，盯上了高利型保單，研議拉高死亡給付對保單帳戶的價值比重，而這類型的保單也是讓壽險業產生重大匯損的主因，更是造成穆迪警告台灣壽險業是全世界第四危險的原因。

因此，在我們把血汗錢交付給保險公司的同時，不能只看保險公司給付的利率，更要重視保險公司的財務安全，這樣才能達到儲蓄險能夠部分替代儲蓄的功能，也讓我們的資金能放在相對安全的地方！

什麼是儲蓄險？

講到儲蓄險，我們就必須知道一些基本的概念，下面就是儲蓄險最重要的核心！

我簡單回答這個問題：

1. 錢放保險公司，保險是以人身做為標的物，與保險公司訂定契約，只要保險標的物沒有達成身故、全殘等狀態，保險是不會進行理賠的，只能透過要保人主動解約或是保單借款的方式取得保單內的價值，通常流程會要 3~5 天。錢若是放在銀行存款，只要存款人去提領，就可以即時拿到錢了

2. 錢放保險公司，保險一定要身體相對健康，或是保險公司願意承保才可以繳納保費，不是想放就可以放。錢放銀行，基本上無論體況如何，都能順利存款，除非金額過於巨大，或是有洗錢嫌疑，銀行才可以拒絕接受。

3. 錢放保險公司，產生的叫保險增額，基本上沒有稅負，但是目前國稅局針對儲蓄功能大於保險功能的保單採取實質課稅原則，通常增額的部分有可能被納入所得核課所得稅，遇到稅負問題的機率比存銀行大。錢放銀行，產生的利潤叫做利息，在所得稅法上屬於利息所得，納入綜合所得稅計算，每年針對利息的部分，有 27 萬元的儲蓄投資扣除額。

4. 錢放保險公司，則沒有存款保障，如果保險公司倒閉，能拿回多少是未知數。
如錢放銀行，有存款保險，一家 300 萬，如果銀行倒閉至少能夠拿回 300 萬。

而會有錢放銀行還是保險公司這樣的問題產生， 那是因為很多保險跟儲蓄有很相近的地方，這類型的保險就被大家稱為儲蓄險。其實市面上並沒有寫著「儲蓄險」的保單類型，基本上，只要「保單價值準備金」（簡稱保價金）可不斷累積滾存的保單，並且壽險保額接近所繳保費或是保單價值準備金的險種，都統稱為儲蓄險。

這類型的保險通常可分為：壽險與年金兩大類型。其最大的特徵在於，雖然名為壽險，但是幾乎沒有保障的功能，壽險的保障略大於所繳保費的 1%~5% 之間，期滿之後通常就是壽險保障＝保單價值準備金。基本上，這類型的保險比較接近儲蓄， 而比較不像保險，因為它缺乏保險最重要的功能：保障。

何謂年金？

這類型的保險主要是讓你的晚年生活得到經濟保障，結構跟儲蓄型的壽險非常相近，只是這個保險就是完全沒有壽險保障。通常在繳費期間如發生身故事件，理賠大致上＝所繳保費。

然後按照保險增額金的計算方式分為：利率變動與非利率變動。2019 上新聞的就是利率變動型保險，因為宣告的利率太高，讓保險公司承擔經營風險。

而金管會留意到熱銷之儲蓄險所潛藏的危機，就是歸因於儲蓄型保單過往大都以「高宣告利率」當作銷售訴求，吸收大量資金，讓壽險業面臨龐大資金的壓力，因此希望釐清保戶「重儲蓄、輕保障」的觀念。

其餘還有還本型、累計型的差異，以及繳費幣別：分為台幣與外國貨幣，最後還有繳費的方式：躉繳、兩年繳、3 年繳、6 年繳、10 年繳、12 年繳、20 年繳等。

但無論政策如何改變，儲蓄型的保險仍是一項理財工具，下一章節將說明目前大家最關心的問題，究竟是買外幣保單好，還是台幣保單好？

外幣保單好，還是台幣保單好？

現在會買儲蓄型保險的人最苦惱的問題就是：到底是買台幣的好，還是外幣的好？按照目前的狀況來看，美元的利率變動型儲蓄型保險宣告利率落在3%-3.5%（2019.8.30. 調降）附近，而台幣的利率變動型儲蓄型保險宣告利率則落在2%-2.5%（2019.8.30. 調降）附近，兩者利率相差1%，同時還有匯率上面的風險，讓人非常難以抉擇，到底是美元好還是台幣好？

因此，這節就來說明匯率的趨勢。匯率是一國經濟的櫥窗，而一個國家的興衰強弱，深遠地影響了匯率長期的變化，講白了，一個國家經濟能夠持續成長，並且相較於其他國家強大，那麼這一國家的匯率就會長期走升！例如：人民幣兌美元從最早的9（人民幣）：1（美元）走到最強2015年6（人民幣）：1（美元）為止，才結束了這長達將近20年的連續升值的態勢。

反之，一國如果經濟衰退，並且持續不振，那麼貨幣就會一路走弱，最慘的狀況可能會貨幣崩盤。例如：南非幣，自從主要出口的商品黃金走弱，加上長期失業率高漲，造成南非幣一路走弱，從8（南非幣）：1（美元）一路貶值到今天的 14（南非幣）：1（美元），貶值幅度達到 50% 以上。更甚者如委內瑞拉，經濟崩潰，貨幣根本沒有價值，人民生活使用美元交易或是以物易物。

因此，如果我們打算透過保單來理財，由於保單通常是中長期的理財工具，我們就不得不注意匯率的長期變化，而長期變化主要就是各國的基本面因素了！

以台幣對美元來說，美國無論經濟、國力以及人口面來說，都遠勝於台灣，並且目前美國還維持了相對強的利率政策，所以美元對台幣仍會維持相對的強勢。並且從技術面來觀察美元指數，目前仍是維持著多頭型態，因此台幣對美元要升值不易。多數台灣的科技廠商需要弱勢的貨幣來維持競爭力，無論內外的因素，對台幣來說，最有可能的情境都是弱勢偏向貶值對台灣較有利。而對需要選擇儲蓄險的人來說，這時候如選擇美元保單，擁抱一個長線較容易升值的貨幣，那麼就是一個好的選擇。

由於所有的貨幣都是以美元作為基準，因此美元的漲跌也深刻地影響到一國貨幣的走勢，下圖 10-1 的美元指數最近一年都是維持多頭的態勢，因此短線上來看，美元是相對強勢的，台幣近期比較容易貶值。

因此，台幣的弱勢會一直持續到下次進入降息循環後的復甦期，才有可能對美元長期的升值，但是在進入降息循環時，必然帶來新台幣兌美元的大幅度貶值。過去只要是快速

圖 10-1 最近一年美元指數之走勢

資料來源：作者提供

降息的循環，美元都是強力升值的，因為當時的景氣背景，一定是景氣衰退、全球恐慌的背景，這個時候全球都會擁抱美元，替自己的資產做避險，直到風險結束之後，重新回到景氣復甦時期，這個時候台幣兌美元才會有機會大幅度升值。

根據最近 25 年的歷史與景氣循環來看，每一次遇到金融風暴的時候，台幣兌美元都是大幅度的快速貶值。

1997 年亞洲金融風暴：美元兌台幣從 1：25 貶值到 1：35，貶值幅度達到 50%

2000 年科技泡沫：美元兌台幣從 1：30 貶值到 1：35，貶值幅度達到 18%

2008 年金融海嘯：美元兌台幣從 1：30 貶值到 1：35，

貶值幅度達到 18%

2015 年新興市場風暴：美元兌台幣從 1：29 貶值到 1：33，貶值幅度達到 15%

而且這一次如果美國真的再度進入降息循環，並且景氣衰退的話，那麼台幣兌美元將會再一次大幅度的貶值。

因此，我在這景氣的判斷之下，認為美元應該是優於台幣，並且美元利率變動型保單的宣告利率也是高於台幣的利率變動型保單，在有機會利率與匯率都賺到的情境之下，美元保單或許是較佳的選擇。

圖 10-2 1996~2019 年美元兌台幣走勢

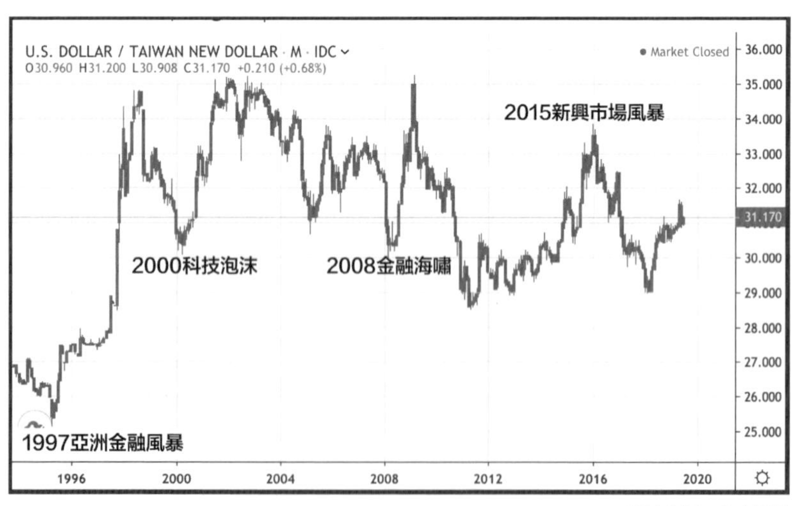

資料來源：作者提供

結論：

1. 匯率是一國經濟的櫥窗，現在美國基本面優於台灣，長期而言，美元兌台幣是升值的趨勢，就匯率而言，美元優勢。
2. 目前美元保單的宣告利率高於台幣保單，因此就利差而言，美元保單優勢。
3. 基於上述兩種理由，如果願意冒匯率的風險，美元保單勝過台幣保單。

可做退休規劃的保單

過去我比較不推薦以儲蓄險做為理財工具，但是最近一年保險公司推出了一些儲蓄型的保單，充分發揮了保險所具有的保障，同時還具備了儲備退休金概念的保單。

一個前輩分享的故事：多年前一對夫妻，想存錢做退休的規劃，聽了壽險業務人員的建議，各買了月繳 1 萬元 20 年期的儲蓄險，因為沒有做好財務的規劃與保險最重要的功能一保障，第三年的時候，妻子因為意外失能沒了工作，於是沒收入停繳了保費，而丈夫也因要照顧妻子，最後被迫也辭了工作，也停繳了保費。

因此，在做儲蓄險的規劃之前，一定要先把保障做足。過去的儲蓄險通常只理賠身故與全殘兩種狀況，可是會讓儲蓄險脫退的原因百百種，常見的就是買太多，其次是發生無常或者是生病。最好的規劃是在事前就能夠想清楚這些關聯，這樣才能夠把儲蓄險的功能發揮，並且當無常提早來時，引發賺錢能力降低，其該付的帳單並不會因為無常的發生而有所打折或變少。

故事最後是夫妻倆決定將儲蓄險解約，拿回來的錢比所繳保費少很多。無常是儲蓄險最大的敵人！使用保險來儲蓄，首先就是要考慮繳費期間可以沒有發生任何意外繳完，並且以退休規劃為目的。保險契約常常一訂就是 10 年、20 年，無常會不會來？沒人知道，但是可透過最新型態的保單，來去規避這樣的風險！

首先，我認為最好的退休規劃，就是遇到風險能夠不被中斷，仍然能維持進行的退休計畫。身為一位 CFP 認證國際理財規劃顧問，當時在我們的教育訓練中不斷地強調一件事：一個月存 1 萬， 每年報酬率 6% ，30 年後要退休時，便可累計到一筆大錢，從此可以過著幸福美滿的日子。

可是，在此我要提出一個質疑，這個規劃有個最重大的風險。

第一：每個月都能存一萬？萬一風險來了呢？

第二：每年報酬率 6% ？萬一做不到呢？真的要做到，可能需要找專業顧問協助。

第三：連續 30 年不能間斷？這是我最擔心的地方，萬一發生不可控制的事情呢？

因此退休計畫最大的風險，就在於風險與意外！

如果風險發生的時候，勢必打亂所有原本的規劃， 這時退休計畫可能就被迫改變。而我在各項商品中找到一個比較好的解決方案：附加雙豁免保費的儲蓄險。

基本上這種樣態的儲蓄險，能夠解決大部分退休規劃的未知數，我們先來看看這是什麼產品？以下來自於人壽公司官網。

我們先來看看附加保障的部分：

1. 特定意外身故保險金：這是意外險的身故理賠的概念。
2. 意外 1~11 級失能扶助保險金：還附贈意外失能給付。

如圖 10-3 這張保單的最核心為第二級至第八級失能豁免保費。一般來說，豁免保費只會出現在醫療險，或是重大疾病險等健康型的險種中，這是台灣非常罕見出現在儲蓄險的保障內容。並且這個儲蓄險還可以附加第二豁免保費，也就是雙重豁免保費。第二豁免保費條件如圖 10-4。

圖 10-3 利率變動型增額終身壽險

利率變動型增額終身壽險(LS)

增值回饋分享金、身故保險金或喪葬費用保險金、完全失能保險金、特定意外身故保險金或喪葬費用保險金、意外第一級至第十一級失能扶助保險金、意外重大燒燙傷保險金、第二級至第八級失能豁免保險費、意外重大燒燙傷豁免保險費及未滿十五足歲身故者無息退還所繳保險費

*本保險為不分紅保險單，不參加紅利分配，並無紅利給付項目。
*本險之第二級至第八級失能豁免保險費疾病等待期為三十日。
*本商品有提供身故保險金、完全失能保險金及特定意外身故保險金分期定期給付。
*本商品部分年齡可能發生累積所繳保險費之金額超出身故保險金給付之情形。

資料來源：作者提供

圖 10-4 第二豁免保費特色

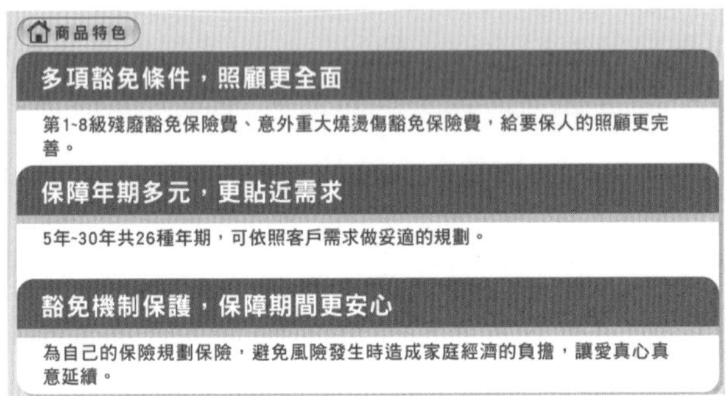

資料來源：作者提供

如上述例子：妻子因為意外造成 8 級失能，這時儲蓄險本身的豁免保費會啟動，未來將不需要付保險費，而由保險公司幫我們買單，退休或者是存錢計畫不會因為意外而改變。同一時間，額外新增的豁免保費也會啟動，但因為保單本身就有豁免保費，因此，保險公司會將未來所有未到期的保險費折現給現在發生事故的妻子。也就是說，原本夫妻的退休規劃不會因為意外或疾病導致的失能，被迫改變，同時還兼具了保障的效果，因為儲蓄險本身還有意外失能的扶助金，遇到失能的時候，可以額外多得到一些保障，拿到一筆未到期保費的折現保險金。

假設退休計畫預計每年存 12 萬，報酬率 5% ，30 年後我們會有多少錢呢？答案是 797 萬。但是未來如果有風險發生的時候呢？ 30 年的時間，沒有人能有把握無常不會來吧！因此，如果真的要完成完整的退休規劃，不畏懼風險，我們就必須要加上附加豁免保障的儲蓄險來協助完成。

我估算一個合適的比例應該是20~30%，退休金準備需要用這類型的保險工具（不能全數都用保險做規劃，因為報酬

表 10-1 年報酬差的 30 年差距

年報酬率	評論	終值
0%	很遜	360萬
1%	相當於定存	417萬
2%	略高於定存	487萬
5%	相當於大盤	797萬
10%	略高於大盤	1,974萬
15%	股市達人	5,217萬
20%	接近巴菲特	14,183萬
25%	巴菲特	38,726萬
30%	超越巴菲特	$104,760萬

資料來源：作者提供

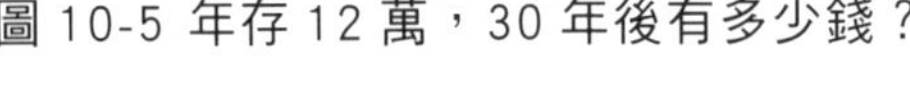
圖 10-5 年存 12 萬，30 年後有多少錢？

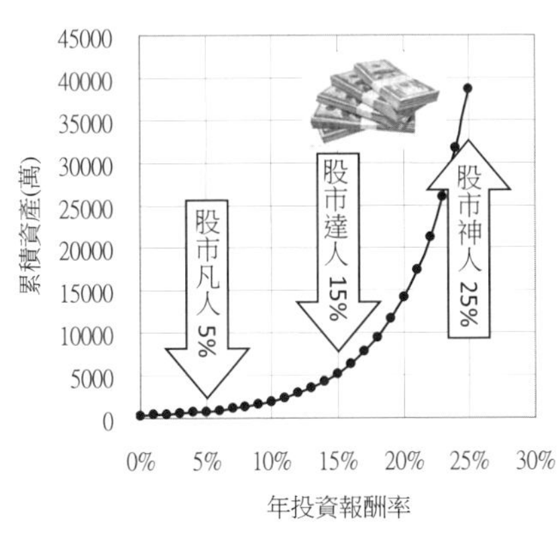

資料來源：作者提供

率低會造成退休前的經濟重大壓力），來保障退休計畫不會產生變數。即使產生變數了， 至少在保險工具的退休計畫可以確定 100% 達成，並且因為失能的發生，還能獲得一些資金的補助（有雙豁免的狀況），讓工作力減損這一塊損失降低！

儲蓄險的雷區—收入中斷

規劃儲蓄險之前，必須要先完成自己人身保險的規劃，並且考慮自己的收入狀況或是存款的穩定度，確認自己是否有足夠的能力能夠完成繳費，因此在確認自己的能力之前，請勿投保儲蓄險。

所有的儲蓄險只要在投保之後，拿到保單經過 10 天的審閱期之後，就一定要持續繳費並且到保險滿期為止，中途建議不要對契約做任何的更動，否則都會讓權益受到一定程度的損害。

多數業務人員都會將儲蓄險視為強迫儲蓄的辦法，但沒有經過仔細的評估，確認自己到底能否負擔費用之支出，這不是正確的觀念。儲蓄險一旦中途臨時急需用錢提前解約的話，損失會非常的高，並且越長年期的儲蓄險面臨解約時，其損失越大。例如 20 年期，年繳 12 萬元的儲蓄險，如果只繳費 3 年就被迫解約，此時拿回來的解約金會低於所繳保費的 50%。如果當初採用的是定存，失去的將只是利息打折，本金並不會受到任何減損。

購買儲蓄險之前，一定要先將自己的收入與支出做好規劃，以避免自己買了超過自己能力可以負擔的保險。

公式：收入－儲蓄＝支出

用紀律先把應該留給未來的錢儲蓄下來，之後才能夠支出，量入為出才是最好的方法。

如果沒辦法自律，別說理財計劃，很多生涯規劃都會無法達成，如果自己無法控制或是不知道該如何做，建議找專業顧問，讓顧問協助規劃與監督、執行，這樣才能讓財富有紀律的持續成長。

許多新鮮人本來想強迫儲蓄，後來因為要結婚，需要較大的花費，所以打算使用保單裡面的錢，但是因為解約金只有所繳保費的不到5成，只得轉變為中途減額繳清，必須再等15年回本，於是乎後悔買儲蓄險，現在則逢人就說不要買儲蓄險。

以上這類型的案例多屬於年輕的新鮮業務人員賣給年輕剛出社會的新鮮人，用強迫儲蓄20年的概念所銷售的保單，但是多數銷售人員並沒有提到20年壽險需要等到滿期之後，解約金才會大於所繳保費。而且剛出社會的新鮮人多數沒有衡量自己會因為人生的階段不同，所需要的金錢也不同，在早期就被強迫儲蓄所打動，買了超過自己能力所能負擔的保險。

我早期也曾經買過郵局 6 年繳的壽險，當時我不過是大四在外打工的一族，6 年 100 萬等於一個月要繳費 1.3 萬元，當時咬著牙苦撐著，結果因為基本保障沒有做好，車禍造成需要賠償對方，最後只好中途認賠解約，拿這筆錢去賠給別人。

經驗分享：

資產淨值低於 10 萬美元的人，少使用儲蓄險這個工具，如果真的要使用，建議使用繳費年期低的險種：躉繳、兩年繳、3 年繳、6 年繳，不要使用 10 年，甚至 20 年、30 年等長年期的險種。資產較低的時候，財務承擔風險的能力也較低，很容易受到外在因素就無法繳完保費，進而造成財務損失。

淨值 10 萬美元以下的人，首先應該先把保障規劃好，最重要的 4 項：失能、壽險、醫療、重大疾病，這幾項規劃好，才能考慮儲蓄險這個選項。當資產大於 10 萬美元，並且小於 100 萬美元的時候，儲蓄險就是可以納入考慮的退休工具，尤其是上述章節中我所介紹的附加失能給付的儲蓄險，這樣才能順利的把退休規劃做得更完善！

儲蓄險繳費期間一定是負報酬，買儲蓄險一定要先準備足額的緊急預備金，通常足額的預備金至少要不工作也可以渡過 3~6 個月才充足。預備金足夠之後，我們必須認知儲蓄險在繳費滿期前解約都是負報酬，如：躉繳商品，要 3 年或 4

年滿期之後，解約金才會大於所繳保費；2 年或 3 年繳商品，要 4 年或 5 年滿期之後，解約金才會大於所繳保費；6 年分期繳的商品，要第 6 年滿期之後，解約金才會大於所繳保費；10 年分期繳的商品，要第 10 年滿期之後，解約金才會大於所繳保費；20 年分期繳的商品，要接近 20 年滿期，解約金才會大於所繳保費。

但如果真的財務吃緊的時候，建議儲蓄險的最後防線就是減額繳清，或是降低保額來降低生活的壓力。合理的比例是保障型的保費不超過家庭年收入的 10%~15% ，儲蓄險的保險不超過家庭年收入的 15%（退休規劃），如果超過了，除非是高收入族群， 家庭年收入超過 120 萬以上，否則這都算是超額的支出，千萬別犧牲生活品質就為了繳保費，變成保單的奴隸。保單是來協助我們完成財富自由的工具，別讓它成為我們的負擔。

儲蓄險的稅務問題

儲蓄險還有稅務的問題嗎？沒錯，儲蓄險有稅務上的問題，在做保單規劃時，必須避開的雷區主要有 3 種：

問題一：買保單也會被核課贈與稅嗎？

狀況一 夫為要保人，夫為被保險人，妻子為受益人，或妻為要保人，妻為被保險人，夫為受益人，6 年後保單到

期，保險公司將保單價值匯給受益人，結果被國稅局以最低稅負核課所得稅。

這是多年前經典的案例，發生在某家金控。當時夫妻都買了躉繳 5,000 萬元的保單，結果這種樣態的保單恰巧屬於最低稅負制中的特定保險給付，要保人和受益人不同人，除了死亡給付有 3,330 萬元的免稅額之外，其餘都納入最低稅負制中計算。因為保單價值本身是要保人的資產，只要保單價值有所轉移，那麼這個行為就構成贈與。

上面這個案例有趣的是， 所幸夫妻贈與是免稅的，因此只有最低稅負要繳納，如果受益人是兒子時，那就糟糕了！其兒子除了需要繳最低稅負的所得稅之外，因為要保人把資金轉移給兒子，更有可能被國稅局追討贈與稅。

因此在規劃的時候，最好的計畫就是要被保險人同一人，生存會拿回保單，受益人寫自己 ， 如果主要目的是為了死亡傳承，而且保單價值不打算拿回，那麼受益人就可以寫小孩，這樣才是一個完整的規畫。

狀況二 原始的要保人為父母，被保險人是子女，受益人是父母，但是當保費繳完之後，父母看到子女長大很開心，就把要保人改成子女，而 20 年累計下來所繳保費 500 萬元，結果被國稅局核課贈與稅。

保單本身是要保人的資產，只要要保人變更成不同人，就是視同為贈與的行為，並且保單的課稅基礎是以當時的保單價值做為基礎，因此國稅局就以20年滿期的保單價值500萬元當作基礎課贈與稅。

面對這種狀況，我建議既然是要給子女的資產，不如在規劃時就把資金給孩子，並且要保人就直接寫子女了。但是這樣的規劃有缺點，就是當子女成年之後，要是想解約拿裡面的保單價值（錢），這完全都是子女的權力，父母無權干預。

狀況三 原始的要保人為子女，被保險人為子女，受益人為父母，但是扣款銀行的帳戶是父母的，結果到期被核課贈與稅。

再次強調保單是要保人的資產，上面這個案例就是一個很好的例子，因為保單價值屬於子女，但是這個保單的保費是由父母的帳戶扣款，因此代表保單其實是父母買單的，自然會有贈與稅的問題。 因此在規劃的時候，通常直接用子女的帳戶扣款，如此就可達成把資產慢慢轉移給子女的規劃。

問題二：儲蓄險（多數都是終身增額壽險或是年金險）的身故理賠是否完全免稅？

回答二：視狀況而定。

主要的法源依據保險法第 112 條明定：「保險金額約定於被保險人死亡時給付於其所指定之受益人者，其金額不得作為被保險人之遺產」。

因此台灣人非常聰明，就有人把歪腦筋動到這個上面了，但是道高一尺魔高一丈，國稅局的必查項目：投保動機為隱匿財產、逃避遺產稅申報，可能會被「實質課稅」，保單價值或理賠金還是會被計入遺產課稅。

台財稅字第 10200501712 號說明：「實務上死亡人壽保險金依實質課稅原則核課遺產稅案例及其參考特徵」。若保單有以下特徵，將可能以實質課稅原則，遭稽徵機關計入遺產課稅，總共有 8 項必查重點：

一、重病投保：過去曾經有住在安寧病房的長輩投保儲蓄險，並且投保後沒多久就過世了，根據保險法壽險給付應該是免納入遺產總額的，但是長輩應該在生前就知道自己時日無多，買壽險的目的是為了省遺產稅，而不是為了保障，因此國稅局祭出實質課稅原則課遺產稅。

二、高齡投保：同重病投保，都是高齡者常見的規避行為。

三、密集投保：除了刻意犯罪之外（詐領保險金），短期內買大量高保費的保險實在啟人疑竇，因此這是國稅局查核的重點，也是洗錢防制法中的重點。

四、短期投保：主要短期內買了多張短年期的保險，2~6 年繳的都屬於此種類型。四、五點都是說明這些型態的保險。

五、躉繳投保：躉繳很明顯就是儲蓄的概念，保障較為不充足。

六、鉅額投保：一張保單分期繳大於新台幣300萬元，或躉繳保單大於1,000萬元都是查核重點。

七、舉債投保:借錢買保單,幾乎都是有規避稅務的規劃，例如降低財產總額，必查。

八、理賠金額小於所繳保費：這個很明顯就是目前最常見的避稅型態，必查。

因此，享用保單降低遺產稅？我們得先問過國稅局才行。

經驗分享：

提出幾種相關的稅負給大家參考，這跟要保人、被保險人、受益人的安排有關係。

表 10-2 保單與稅負關係

狀況	要保人	被保人	身故受益人	說明
1	A死亡	A死亡	B	要被保人同一人 原則：免課遺產稅 例外：實質課稅
2	A死亡	B	A	計入A之遺產
3	A死亡	B	C	計入A之遺產

資料來源：作者提供

狀況一 要保人、被保險人同一人，根據保險法第 112 條明定：「保險金額約定於被保險人死亡時給付於其所指定之受益人者，其金額不得作為被保險人之遺產」。

只要 A 死亡之後沒有大額的財產，並且符合狀況一的要保人、被保險人的規劃，基本上這樣子的保單不會納入遺產總額課遺產稅。

但是 B 因為拿到死亡的壽險給付，因此會有最低稅負制的問題，最低稅負的規定是要保人、受益人不同人之壽險給付，有 3,330 萬元的扣除額，超過的部分計入當年度的最低稅負計算。

狀況二 、狀況三 因為保單是屬於要保人的資產，因此在被保險人沒有身故把壽險保額轉移給受益人之前，這都屬於要保人的資產，因此這種樣態的保單，需要主動向國稅局申報計入遺產總額核課遺產稅！

問題三：儲蓄險所產生的利息免稅嗎？

回答三：依所得稅法第 4 條：「下列各種所得，免納所得稅：…七、人身保險、勞工保險及軍、公、教保險之保險給付」。

依遺產及贈與稅法第 16 條：「下列各款不計入遺產總額：…九、約定於被繼承人死亡時，給付其所指定受益人之人壽保險金額、軍、公教人員、勞工或農民保險之保險金額及互助金」。

解約金的部分不是保險給付，照理要課稅，但是因為實務上難查核，難以被國稅局發現有所得稅的問題。但也是有例外，請看下面狀況解析：

狀況一 沒有一次性的解約，而是部分解約，實務上非常難查核，因此也僅有非常少的案例可以給我們參考，基本上很難被課稅。

狀況二 曾經拿這張保單在所得稅申報時做列舉扣除，後來解約後，其當初國稅局給予保戶抵稅的優惠，這時候要列為個人的所得，以所得稅第十大類所得「其他所得」項目列入所得課稅。

舉例來說，保戶買了一張保單，連續數年都用來申報所得稅保險費 24,000 的列舉扣除，之後保戶解約了，因為當初國稅局給保戶使用了這個優惠，所以要將這 5 年抵稅的金額列入所得，也就是 24,000×5=12 萬（列入其他所得）核課所得稅。

但是有一種例外：如果一次的解約金大於總保費，即便當初沒有申報抵稅，超過所繳保費的部分，還是可能被計入當年度所得稅。

狀況三 **終身增額壽險完全放在保險公司，沒有部分解約，也沒有解約，這種狀況通常保單每年的增額給付都是在保險內的，所得稅裡面也沒有相關條文可以核課這種增值的保價金。因此這類所得雖然非常像定存的利息所得，但是因為它在保單價值中滾存，沒有提領出來，因此這些所得不納入當年度的利息所得，但是被國稅局實質課稅原則課稅者例外。**

總結

儲蓄險是一個放錢的工具，因此，我們常見從業人員不斷的宣傳把錢放在保險公司跟銀行的差異，我在此強調，保險絕對不能取代定存、取代銀行的活存。儲蓄險有其天生的限制，在期滿之前，它仍是充滿風險的，因此儲蓄險適合的族群偏向財富較為高的族群，至少淨值要超過 10 萬美元以上較為適合，資產較少的族群儘量不要使用這個方式來儲備資產，應該要透過穩健的投資組合較佳。

但是儲蓄險也不是一無是處，它就是一個非常好的退休規劃工具。以下是我的心得，儲蓄險適合的屬性：

• 終身增額的儲蓄險

特色是滿期後複利計算的保單增值金，也就是說放越久所產生的增額解約金就越多，對於放長期的保戶較為有利。

我建議可以把緊急預備金的大部分放在躉繳的儲蓄型保單中，但這時候最好有第二筆緊急預備金，以防萬一，等到保單價值準備金大於所繳保費時，這時候緊急預備金的增長速度就會大於放在銀行的定存，如此的規劃是合理而且可以接受的。

• 還本型的儲蓄險

這是不參與複利保單增值，而是把保單增值當成生存金直接給付給保戶。因此，適合作為零存整付概念類定存。

除了上述兩種儲蓄險較為適合作為規劃的用途之外，我還是建議保險歸保險，儲蓄歸儲蓄，因為保險可以部分替代儲蓄的功能，但是絕對不是所有狀況都可用保險規劃。並且儲蓄險的使用，需要經過層層評估之後再來執行。我們財務規劃的重點是，先講求不傷身體再來談效果，因此，儲蓄險最適合的族群就是資產超過 10 萬美元以上的族群，這一族群至少會有個基本的資產，並且通常達到這樣財富高度的人，工作的收入也應該不會太差，在這樣的條件之下，買儲蓄險才不會因為遇到狀況就造成資產重損，導致儲蓄險不能繳費期滿。

儲蓄險是一個理財工具，如果能夠運用得好，那麼便可協助我們完成理財的目標。

投資型保單

大家最近一定常聽到「保障歸保障，投資歸投資」，而投資型保單則是同時具有保險的保障功能，加上投資資本市場的功能，雙效合一的商品，但真的好嗎？

聰明的投資人一定知道，假如想要投資，最節省的方式就是在股票市場裡面直接買賣，如透過銀行做投資，就會多一層信託管理費，透過保險公司投資，那麼除了原本的證券交易成本、信託管理費，還會再多一層保險的費用，是一種成本最高的投資。

從圖 11-1 可以清楚知道投資型保單主要有 3 層成本：

1. 保險成本：前置費用與危險保費（壽險成本）
2. 投資標的成本（內扣，一般投資人不會知道被扣多少）
3. 保險平台成本（根據產品不同而有所不同）

扣除 3 層成本之後，才會變成保單的價值，也就是屬於保戶口袋裡面的錢。因此，我使用一個公式說明：

圖 11-1 投資型保險保費的運作方式

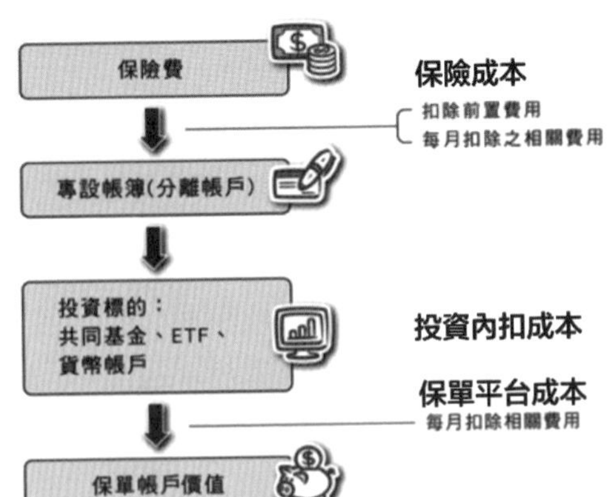

資料來源：作者提供

表 11-1 保險費用相關細項

費用項目	投資型保險	
一、前置費用	1.基本（或目標）保費費用	
	初年度：	續年度：
	2.增額（或超額）保費費用	
	初年度：	續年度：
二、保險相關費用	1.保單管理費	
	2.保險成本（保險費用、保障成本）	
三、投資相關費用（以基金為例）	1.申購基金手續費	
	2.基金經理費	
	3.基金保管費	
	4.基金贖回費用	
	5.基金轉換費用	
	6.其它費用	
四、後置費用	1.解約費用	
	2.部分提領費用	
五、其他費用	（詳列費用項目）	

資料來源：作者提供

保單淨值＝「總保費」－「前置成本」－「危險成本」－「投資成本」－「保單平台成本」

我們都知道成本越高，投資效益越差。投資型保單是成本最高的投資方式，自然用這個平台去投資績效會較低，因此一般投資人不會使用投資型保單去做投資。但儘管如此，我仍比較建議「投資歸投資，保險歸保險」。並且記得一件事情，投資型保單是盈虧自負，所有投資的成敗都是由保戶自行承擔，保險公司不會幫保戶負擔投資風險。

目前投資型保單有幾種型態的連結標的平台可以選擇：

1. **保戶可以自行決定投資標的**：基金＋ ETF 平台。
2. **交由投信代為操作的全委型標的**：常見的代操標的可能是 ETF Fund of Fund 或 Fund of Fund 或是 ETF and Fund of Fund。
3. **連結目標到期基金**：內容是一籃子的債券，在目標日前會到期的債券，俗稱目標到期債投資型保單，是目前台灣最火紅的銀行主力商品。

我建議投資型保單的本質是投資，因此，我們要購買這類型的商品，最好找投資專家來協助規劃，壽險業務人員通常專長都在保險的保障這一塊，對於投資是比較不專精的。

國際金融概況

想要了解投資型保單，最重要的其實不是了解它的架構、內容等基本知識，而是要了解國際金融市場的運作，因為傳統型保單是保險公司幫我們負擔投資報酬與風險，而投資型保單是自己要負責投資的成敗與風險，因此動輒投資20年的計畫，不然就是躉繳數百萬元的後收投資型保單，最重要的事情就是把國際投資原理搞清楚，否則投資型保單盈虧自負、盈虧自負、盈虧自負，很重要所以要說3次，而讓自己的保費付諸東流！

只要講到投資，我們就必須要有一個共識，就是世界的股票或債券，長期而言都是向上的，中間雖然有波折，但是長期都是持續成長的。圖11-2為標普500指數的30年線圖，短中有波動，長期方向必然是往上的。

圖 11-2 標普 500 指數的 30 年線圖

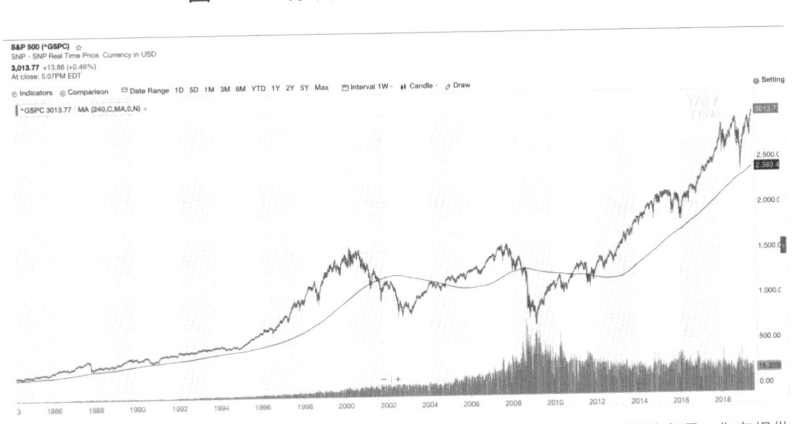

資料來源：作者提供

為什麼會有這種現象？短中波動：因為貨幣政策與短期的景氣及投資面影響；長期向上：幾乎國家都是長期成長的，因此雖然景氣會造成波動，但是長期成長的方向不變（有些長期衰退的國家不適用，如委內瑞拉、辛巴威）。

我們就從上面的結論就可以知道，中短期會是震盪的，但是長期報酬率一定會是正數，就以0050台灣50ETF來說，最近10年報酬率大約7%，美國標普500 ETF近30年的歷史，報酬率也平均落在7~8%之間，而全球股票ETF VT年報酬率也平均落在7~8%之間，因此我們可以知道一點，投資股票市場長期都會是獲利的。

但是回顧最近20年的歷史，國際市場也是經歷幾次空頭：2000年科技泡沫、2004年兩顆子彈、2008年金融海嘯、2012年歐債風暴、2015年新興市場風暴，最終都是再創新高。

因此我們投資只需要選對工具，長期而言都是會再創新高的，就以美股標普500而言，2007年的歷史最高點為標普1,500點，中間經過2008年金融海嘯，一度下跌到700點，但是5年之後在2013~2014年突破歷史新高，到近期標普500指數已經來到3,000點，是2007年最高點的兩倍。

因此假設我們需要投資，第一件事情就是需要耐心，第二件事情就是要選擇正確的工具。那麼在投資型保單玲瑯滿目的投資標的與基金之下，我們如何能選擇正確的標的呢？

關於投資建議這部份，「請與專業的投資顧問討論」。保險業務人員通常專精於保險的相關專業，與保險專家討論投資是非常有問題的。但是多數狀況，投資型保單都是由保險業務人員所銷售，因此做出的規劃常常都是不能達成客戶需求，造成目前市面上許多光怪陸離的現象，在此我仍建議「保險歸保險，投資歸投資」，投資型保單的本質是做投資，而且盈虧自負，因此找投資專家幫忙分析與規劃才是正確的。

我介紹一個最簡單的工具：追蹤指數的ETF，它是可以獲取市場報酬率的工具，而什麼是ETF ？ETF是一種在交易所掛牌交易的基金，其結構與共同基金相同，交易方式跟股票相同。台灣最有名的ETF 就是0050（台灣50）或是0056（台灣高股息），而最近台灣火熱的ETF是台灣50反一則是期貨衍伸的ETF，目的是在放空台股。

【Exchange】交易

證券交易所掛牌，買賣跟股票一樣，多數投資型保單中也有ETF，交易的地方例如：納斯達克交易所、台灣證券交易所。

【Traded】買賣

- ETF 在交易所掛牌交易，投資人一般是在券商下委託單，再由券商提交委託到交易所，與股票的交易方式相同。
- 一般共同基金則是在基金公司發行之後，可能自行銷售，或在銀行、基金市場等通路銷售。

- 投資型保單中，也可委託壽險公司在股票市場中買賣。

【Fund】基金

- ETF 也是一種基金，集合許多人的錢以相同的投資目標進行投資，由經理人負責管理，確保基金不偏離投資目標。
- ETF 可能投資股票、債券、房地產或是黃金、石油等商品。
- 在投資型保單中的 ETF ，大致上都是 ishares 發行的股票、債券的 ETF。

透過 ETF 這個工具，我們在投資型保單中，只需要做好股票與債券 ETF 的比例，例如股票 50% ＋債券 50%，長期而言，我們就能獲得市場平均的報酬率。

經驗分享：

2014 年適逢中國股市大漲，許多理專朋友因為客戶多數使用投資型保單當作客戶理財的工具，但是當時的共同基金並沒有直接投資中國 A 股的基金， 因此急得乾瞪眼，於是來請教我有什麼辦法可以解套，然後我就看了一眼投資型保單可連結 ETF 的列表，找到一檔 ETF 元大標誌滬深 300 ETF，這個標的可以連結到中國 A 股，因此讓理專跟他的客戶可以參與到當時中國 A 股的飆漲。

注意：所有保單連結的標的不盡相同，不是所有投資型保單都有 ETF 可以連結，因此，各平台合適的標的請與您自身的投資顧問諮詢。

目標到期投資型保單

目標到期債券基金保單是目前銀行銷售最火紅的商品，去年熱銷逾新台幣 1,100 億，這到底是什麼產品？能夠賣這麼多？

多數銷售機構的話術都會說：這是到期（假設沒有違約的狀態）保本，而且利息比定存多很多，也高過一般傳統型保單。但是這個產品真的如同銷售單位說的這麼好嗎？

我們必須了解它的結構之後，再來分析。投資型保單的架構：只要是投資型保單，就是風險自負，賺賠自負。既然是投資型保單，保單連結的標的就是所謂的「目標到期債券基金」，因此俗稱「目標到期債保單」。

投資型保單其實就是透過保單去投資，本質是投資，自然就是有賺有賠，而投資的標的是什麼？就是目標到期債券基金。所以，目標到期債保單是什麼？就是投資目標到期債券基金的保單。想要了解目標到期債券基金保單的風險，就要看看目標到期債券基金是什麼了。

什麼是目標到期債券基金？

首先，我們要了解投資債券跟投資債券基金的差異。債券就是公司跟我們投資人借錢，按照約定的利率付利息，然後到期之後返還本金。例如近期許多壽險公司就發行債券，通常這類型的投資只要公司沒有倒閉，那麼最終的報酬率是可以確定的。

那麼什麼是債券型基金？就是我們把錢交給投信公司之後，由投信公司幫我們挑選債券，從中收取管理費，剩下的就給投資人。表 11-2 即是這兩種投資的比較。

那麼什麼是目標到期基金？就是我們設定到期日是 2026/12/31，投信公司就會幫我們買入 2026/12/31 之前到期的債券，然後獲取這些債券的利息以及到期的還本效果。這類型的基金在美國不少見，主要都是以公司債、美國市政債為主，因為主要的目的是退休規劃，因此挑選時，要選擇標的的信用評等較高、公司較為穩健的標的為主。

表 11-2 債券與債券型基金比較

	債券	債券型基金
投資金額	投資金額門檻較高，主要透過銀行貴賓財富管理購置。	小錢也可投資，依銷售通路規範，有定期定額與單筆投資選擇。
投資期間	較明確，可持有到期或期間賣出亦可。	不確定。沒有明確到期日期，依投資人自行判斷獲利停損時機點。
標的選擇	較單一	較多元（一籃子）
風險控管	自行研究追蹤市場消息與債券信用風險，投資決策由自己掌握。	由基金經理團隊代為研究市場與債券信用風險並主動調整投資組合。

資料來源：作者提供

目前我們銷售的目標到期債券基金保單的連結標的，反而都是以新興市場債券為主（有當地貨幣債，也有美元債），主要的到期報酬率為扣除掉管理成本之後，落在 3.5%~5% 之間。

為什麼會跟美國主流目標到期 ETF，或者是目標到期基金有顯著的差異？其中最主要的原因，就是台灣比較喜歡看高利率，比較不會去考慮風險，因此產品設計者就順應民意，包裝出較高利率的商品。懂得投資的人都會知道，高報酬必然帶來高風險，而目前我們看到市面上的目標到期債券基金保單，幾乎清一色的都是新興市場債為主的配置。

因此，台灣的金管會就發表 5 點聲明表示，這類型的產品有五大風險，如果這些條件都沒有發生，那麼我們的目標到期債券基金保單才能達成報酬率目標。

第一：目標到期債券基金連結的債券發行機構，若於投資期間違約或被調降信用評等，將影響債券價格而產生損失。

第二：利率風險，市場利率的變化，或對於未來利率走勢的預期，也會影響債券價格。

第三：債券到期日與基金到期日間存有差異，會有提前贖回及再投資的風險。

第四：若目標到期債券基金投資以外幣計價的債券，以新台幣為繳費幣別者就須承擔基金淨值受匯率變動影響的匯率風險；若以外幣為繳費幣別者，保單期滿前或中途贖回時，外幣兌新台幣的匯率亦可能與投保當時不同。

第五：民眾若於保單期滿前中途贖回，須承擔基金以當時可能較低淨值贖回，且會被收取其他贖回費用，即為中途贖回的風險。

基於上面五種風險，金管會表示，上述風險均可能使保戶無法獲得預期收益，因此消費者購買連結目標到期債券基金的投資型保險商品前，應審慎評估相關風險，確認自身風險承擔能力是否適合購買該類商品。

那麼面對這種商品我們該如何看待呢？我認為不如直接買債券型 ETF 即可，不用浪費子彈投資在經過層層包裝的商品上面（透過保單去買目標到期基金），因為包裝越多、成本越高，國外就有很多非常不錯的目標到期 ETF 和 CEF（封閉式基金）。再者，多數人根本無法理解這裡面的風險與報酬，面對自己不熟悉的投資時，我認為最好的方式就是，不懂的東西不要碰！

因為碰了不懂的東西，通常會讓你怎麼賺的也不知道，怎麼賠的也不瞭解，一切都會跟賭博很像，只是理財不是賭博，買保單也不是賭博，我們不應該把我們寶貴的錢輕易的就拿去賭博。因此回歸保險的本質，我認為保險最重要的功能就是保障，讓保險歸保險，投資歸投資。

躉繳後收投資型保單與類全委保單

目前除了銀行、壽險公司大肆推廣的日標到期債券基金保單之外，另一種就是躉繳內扣型的投資型保單，而去年跟前年最火紅的類全委標的，主要使用的保單平台就是這類型。

這類型的保險最重要的特徵就是，在前面幾年會收取較高的保單帳戶管理成本，只要在扣除保險成本年期之前解約，都會有較重的解約金。表 11-3 就是其中一種躉繳後收投資型保單的解約費用率。

例如：躉繳 100 萬元的保費，在 365 天之內急著用錢而需要解約，那麼保險公司會將 100 萬扣除 5.5% 的解約費用率，之後支付給我們 94.5 萬元。並且躉繳後收投資型保單還有保單管理費，這些費用相加起來，總成本大約都落在所繳保費的 4%~7% 之間，分為 3 年 ~6 年收取。

表 11-3 躉繳後收投資型保單的解約費用率

<table>
<tr><td>1.解約費用</td><td>本公司收取費用標準如下表：
<table>
<tr><th>保單年度</th><th>解約費用率</th></tr>
<tr><td>1</td><td>5.5%</td></tr>
<tr><td>2</td><td>3.9%</td></tr>
<tr><td>3</td><td>2.2%</td></tr>
<tr><td>4</td><td>1.0%</td></tr>
<tr><td>第 5年 (含)以後</td><td>0%</td></tr>
</table>
</td></tr>
</table>

資料來源：作者提供

表 11-4 就是其中一種躉繳後收投資型保單的保單管理費用。300 萬以下，每個月 0.1125%，一年 1.35% 的成本，共收取 4 年，相加起來 5.4%，大約跟解約費用率相當。

因此，我就用一個簡單的方式告訴大家，這張保單的管理成本大約就等於第一年的解約費用率，解約費用率越高的表示這張保單成本越高，基於投資成本會侵蝕投資報酬率這個角度來看，我建議我們應該選取成本低的平台即可，不需

表 11-4 躉繳後收投資型保單的保單管理費用

1.保單管理費[註1]

(1)保單維護費用：每月為新臺幣壹佰元，但符合「高保費優惠」者[註2]，免收當月保單維護費用。

(2)帳戶管理費用：每月按當時保單帳戶價值乘上帳戶管理費用率收取，帳戶管理費用率如下表，惟貨幣帳戶之保單帳戶價值免收當月帳戶管理費用。

幣別	收取帳戶管理費用當時之本契約已繳納的保險費總額扣除所有部分提領金額後之餘額	帳戶管理費用率	
		第 1~4保單年度	第 5保單年度(含)以後
新臺幣	未達 3,000,000者	0.1125%	0%
	達 3,000,000(含)元，未達10,000,000元者	0.1083%	0%
	達 10,000,000(含)元以上者	0.1%	0%

註 1：本公司得調整保單管理費及高保費優惠標準並於三個月前以書面通知要保人，但若屬對要保人有利之費用調降，則不在此限。本公司每次費用調整之幅度，不超過行政院主計處公告之消費者物價指數於前次費用調整之月份至本次評估費用調整之月份間之變動幅度。

註 2：符合「高保費優惠」者，係指收取保單維護費用當時之本契約已繳納的保險費總額扣除所有部分提領金額後之餘額達新臺幣300萬元(含)以上者。

資料來源：作者提供

要迷信名牌。

其次，這類型的投資型保單還有一個非常關鍵的因素：轉換標的是否有費用。早期一些躉繳後收投資型保單，一年都有多次轉換標的不用費用的好條件，即使早先躉繳需要花費總保費的 4%~7% 作為費用，但是考量到未來每年都有 12 次免費的交易，那麼這些成本就是可以接受的費用了。

轉換標地是否有費用，在產品的公開說明書中都有註記。表 11-5 為其中一種免收轉換標的費用的投資型保單條款，每年有 12 次轉換標的免收轉換標的的費用。

表 11-6 為其中一種要收取轉換標的費用的投資型保單條款，每次轉換都需要 1% 成本，並且如果轉入的標的是 ETF 者，還需要加收 1% 的申購手續費，總費用等於 2%。

表 11-5 免收轉換標的費用的投資型保單條款

6.投資標的轉換費用	(1)同一保單年度內投資標的之轉換在十二次以內者免收投資標的轉換費用，超過十二次的部分，本公司每次自轉出金額中扣除投資標的轉換費用新臺幣伍佰元。 (2)轉入標的時，每次均需收取投資相關費用之投資標的申購手續費。

資料來源：作者提供

表 11-6 需收取轉換標的費用的投資型保單條款

6.投資標的轉換費用	(1)每次為轉入金額的 1%，但若轉入之投資標的為貨幣帳戶，收益分配貨幣帳戶及共同基金類型為貨幣市場類型者，則免收取投資標的轉換費用。 (2)倘轉入標的為旬數股票型基金者需加收投資標的申購手續費，每次為申購金額的 1%。

資料來源：作者提供

這類型轉換要收取手續費的躉繳後收型投資型保單，費用高得嚇人，我建議不要買這類型的商品，因為同類型的商品中，就有一年 12 次免費轉換的商品可以使用，為何要讓自己的交易成本提高到很可怕的地步？

透過投信買基金，幾乎可以免手續費；透過基富通買基金，手續費非常低，大約 2 折左右（0.5% 以下）；透過券商買基金，手續費次低，大約 3 折左右（1% 以下）；透過躉繳後收投資型保單買基金，手續費高（前置成本 5% 以上）。

但是如果買的是每年有 12 次轉換標的的投資型保單，那麼就可以視為一次付費，永久免費交易基金的基金平台也許總成本會是目前平台中最低的。（PS：這個先決條件是，會自己主動去轉換標的與交易基金）

再來，我們就要介紹近期也是火紅的躉繳後收類全委投資型保單；實際上，這種樣態的保單跟目標到期基金投資型保單一樣，是把交易平台建立在投資型保單之上。過去的投資型保單可以連結的標的通常是共同基金，只是躉繳後收類全委投資型保單可以連結的標的，多了一種叫全委代操型基金。

將以表 11-7 說明這是什麼標的。在投資型保單中還有這類型的基金，這類型的帳戶簡單來說，就是 Fund of Fund ，基金中的基金。

其優點是專家（投信）代操，但是績效如何就見仁見智。缺點就是費用超高，除了跟共同基金一樣，要收取管理費與保

表 11-7 躉繳後收類全委投資型保單管理費及保管費

全權委託投資帳戶						
投資標的名稱	投資內容	計價幣別	申購手續費	管理費(每年)(註 1)	保管費(每年)(註 1)	贖回費用
價值投資組合 -累積	類全委型	美元	無	1.5%	投資專戶每月月底日之委託投資資產市值，按每年百分之 (美國市場子基金：0.0125%；法國市場子基金：0.0140%）之比率計算各月份之保管手續費，自資產中扣除。	無
	類全委型	美元	無	1.5%	投資專戶每月月底日之委託投資資產市值，按每年百分之（美國市場子基金：0.0125%；法國市場子基金：0.0140%）之比率計算各月份之保管手續費，自資產中扣除。	無

註 1：指數股票型基金 (ETFs) 及全權委託投資帳戶之管理費及保管費於淨值中反映，本公司不另外收取。指數股票型基金 (ETFs) 其投資標的單位淨值係由本公司重新計算所得。

資料來源：作者提供

管費之外，在這還少揭露了連結標的的費用。也就是類全委基金買入的 ETF 或是共同基金，還有一層的管理費與保管費。

經驗分享：

這類型的商品最終都會因為超高的費用，導致績效不彰。以下為我列舉的例子。圖 11-3 為近期績效表現最差的類全委標的，從 2010 年成立至今累計 13.19% 的報酬率，甚至績效比定存還糟糕。

圖 11-3 2010 年至今類全委標的年報酬率等相關資料

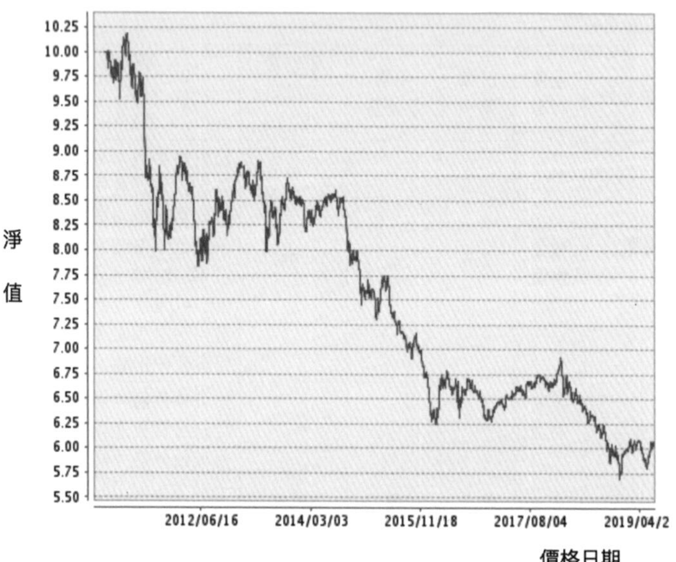

基本資料(迄 2019.5.31)

成立日	2010.12.27
計價幣別	美元
單位淨值	5.8047(2019.5.31)
規模	23,087,592美元
保管銀行	元大銀行
投資標的	金管會核備之基金與ETF
帳戶特色	全球股債動態配置多元佈局

前五大持股(迄 2019.5.31)

基金名稱	比重
瀚亞美國高收益債券基金 Adm	12.58%
摩根新興市場當地貨幣債券基金	8.72%
iShares MSCI Spain 25/50 Index Fund	8.53%
施羅德環球能源 A1 類股份-累積單位	5.04%
摩根新興市場小型企業基金	5.01%

近半年資產撥回紀錄(迄 2019.5.31)

基準日	撥回日	每單位撥回金額	年化撥回率
2018.12.24	2018.12.25	0.037939	8%
2019.01.24	2019.01.25	0.039767	8%
2019.02.25	2019.02.26	0.040343	8%
2019.03.25	2019.03.26	0.040109	8%
2019.04.24	2019.04.25	0.039917	8%
2019.05.24	2019.05.27	0.038958	8%

帳戶績效(迄 2019.5.31)

淨值報酬率	三個月	六個月	一年	二年	三年	今年以來	成立以來
撥回前	-2.04%	1.27%	-1.87%	3.56%	10.76%	4.48%	13.19%
撥回後	-3.92%	-2.79%	-9.36%	-11.80%	-12.16%	0.65%	-41.95%

淨值走勢圖(迄 2019.5.31)

撥回後淨值　撥回前淨值

13
12
11
10
9
8
7
6
5

2010/12/27　2013/10/17　2016/8/7　2019/5/29

投資組合(迄 2019.5.31)

資產部位配置

- 股票型基金 55.51%
- 債券型基金 21.55%
- 現金 22.94%

地理區域配置

- 美國 33.31%
- 新興市場 25.76%
- 全球型 9.46%
- 歐洲 8.53%
- 現金 22.94%

資料來源：作者提供

圖 11-4 為另一家類全委的績效。成立 3 年，累計的績效是 12.18%，是目前類全委中少數淨值大於 10 元的標的，但是仍遠遜於 0050（台灣 50ETF）或美國標普 500 ETF 的報酬率。

圖 11-4 另一家類全委的績效

帳戶基本資料

成立日	2016/1/4
計價幣別	美元
最新淨值	11.2183(2019/5/31)
帳戶規模	1702 萬美元 (2019/5/31)
投資標的	美歐產業型 ETF 及公債 ETF
帳戶特色	● 被動操作+主動調整，大師智慧成就財富價值。 ● 利用CAPE® ratio選取相對具有投資價值的歐美產業。 ● 每月依據 OECD 領先指標配置美歐股票權重。 ● 每日觀察市場波動度，守護投資人資產。

績效表現 (資料日期 2019/5/31)

	3 個月	6 個月	1 年	2 年	3 年	自成立日
淨值報酬率	-0.04%	-3.76%	-2.39%	-0.53%	7.44%	12.18%

淨值走勢圖 (日期 2016/1/4~2019/5/31)

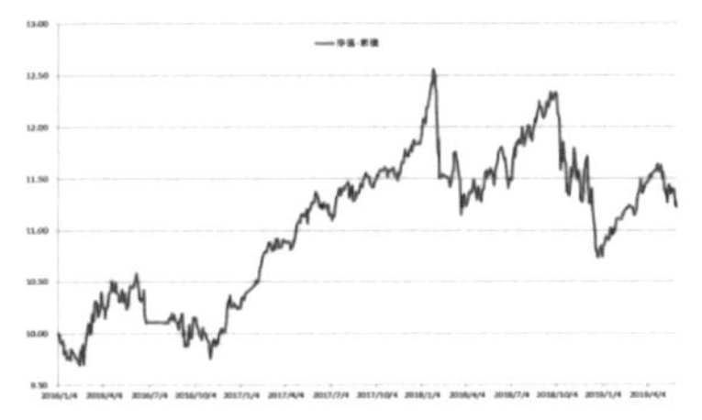

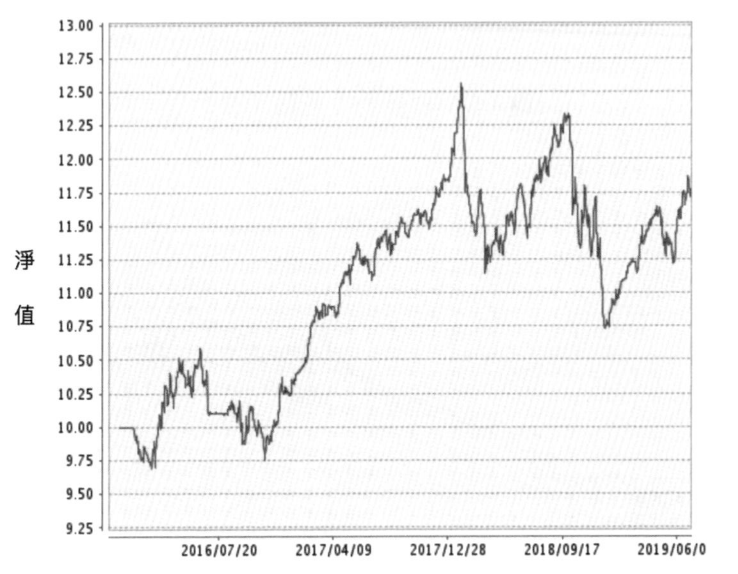

資料來源：作者提供

但如果我們投資的是標普 500 指數，從 2016 年算起，我們可以得到約 47% 的報酬率。

圖 11-5 標普 500 指數（一）

S&P 500指數

指數	漲跌	漲跌比例	最高	最低	開盤	今年表現	當地時間
3013.77	13.86	0.46%	3013.92	3001.87	3003.36	20.22%	17:07

指數簡介

標準普爾500指數 (S&P 500 Index) 統計美國上市的500個大型股，與 道瓊工業平均股票指數 相比，標準普爾500指數 採樣面廣、代表性強、精確度高， 因此 道瓊工業平均股票指數 和 標準普爾500指數 是為大型股票的重要指標。

指數報酬率 2019/07/12

一日	一週	本月以來	一個月	三個月	六個月	今年以來	一年	自今年高點	自今年低點
0.46%	0.78%	2.45%	4.65%	3.66%	16.08%	20.22%	7.70%	0.00%	23.12%

2009	2010	2011	2012	2013	2014	2015	2016	2017	2018
23.45%	12.78%	-0.00%	13.41%	29.60%	11.39%	-0.73%	9.54%	19.42%	-6.24%

資料來源：作者提供

圖 11-6 標普 500 指數（二）

資料來源：作者提供

光是躉繳後收投資型的保單平台的成本高達 1.3%/ 年，如果再加上類全委的投資成本大約 1.6%/ 年，並且投資標的本身還要再收一層成本，ETF 大約 0.2%/ 年，基金 2%/ 年，就每年付出的成本不低於 3%，這些都還不包含危險保費的成本等其他費用。因此，我建議，如果非得要買躉繳後收投資型保單＋類全委帳戶，您必須要有個基礎的認知—您的投資績效會落後市場非常的多，因為超高的成本會吞噬您的投資績效。

如果打算使用躉繳後收投資型保單的基金平台，那麼我建議，一定要買每年有轉換標的免收轉換費的類型，不然每次轉換標的 1% 也是極大的負擔，不如直接買基金就好。

躉繳後收的投資型保單本身就是一種投資的平台，然後附加一些壽險的功能在裡面，我建議，真的有壽險的需求應該購買定期壽險；如果身體狀況良好且沒有吸菸，更可以買非吸菸優體定期壽險，不需要花大錢透過投資型保單來滿足保障的需求。

如果有投資需求，建議除非保戶真的非常擅長交易基金，那麼我們應該選擇躉繳後收的投資型保單中，每年有免費轉換投資標的的投資型平台，如此一來，我們每年可以很多次免費轉換投資標的，有助於我們投資理財的目的，更能長期省下一筆交易成本。

除此之外，轉換投資標的要收 1% 交易成本的投資型保單平台可以直接捨棄。另外如果需要專家代操，建議直接找投信代操即可，不需要使用投資型保單中的類全委標的。這個類全委標的成本非常的高，會讓您的投資績效落後大盤非常的多，讓您的財務規劃無法達成理想的狀態。

最後我建議，「保險歸保險，投資歸投資」。若兩者同時都要有，就會付出比較大的成本，這不是一個好的規劃。

投資型保單的稅務問題

投資型保單的稅務跟傳統型保單的稅務完全不同。投資型保單裡面的資產都是屬於所得稅的課稅範圍，完全按照投資的所得來課稅。主要根據連結標地的投資範圍而定，

適用的稅法：綜合所得稅與最低稅負制。但是有一種最特別的投資型保單，說明如下：

投資型保單節稅神器

這一種是投資型保單神器，如果還留有這類型的投資型保單，這是省稅的利器即是民國 99 年 1 月 1 日實施最低稅負制之前訂立的投資型保單，無論投資海內外，無論利息或是資本利得全數免稅，因為課稅不溯及既往。

法源依據：

財政部在民國 98 年 11 月 6 日正式發佈解釋令，針對民國 99 年 1 月 1 日後所訂立的投資型保單契約，針對投資帳戶的收益及孳息計入要保人的所得課徵所得稅，對於課稅前已

經成立的投資型保單，則不溯及既往不適用新的課稅原則及內容。雖然法令如此寫，但是因為每個國稅局認定的標準不一，得先徵詢主管機關，由主管機關認定為主。而若是在民國 99 年 1 月 1 日以後訂立的投資型保單，就一定有稅的問題了。

經驗分享：

投資型保單連結的標的是共同基金或 ETF。首先，我們得判斷它是境內（國內）基金，還是境外（國外）基金，例如：富蘭克林華美發行的基金為境內基金（國內基金），富蘭克林坦伯頓發行的基金則為境外基金。多數投信公司都有境內公司與境外公司，相關細節可以請教相關投資顧問。

如果是過去火紅的類全委投資型保單，因為全委代操的機構都是中華民國境內投信公司，因此得參照中華民國境內基金所得課稅辦法課稅。

表 11-8 基金相關的所得問題

基金類別	投資地區	收益來源	所得稅計算
國內基金 (境內基金)	台灣	配息	利息所得人綜合所得
		資本利得	證券交易所得 (停徵)
國內基金 (境內基金)	境外	配息	海外所得
		資本利得	證券交易所得 (停徵)
境外基金	無論台灣或境外	無論資本利得或是配息	海外所得

資料來源：作者提供

表 11-9 類全委相關的所得問題

基金類別	投資地區	收益來源	所得稅計算
國內基金(境內基金)	台灣	配息	利息所得人綜合所得
		資本利得	證券交易所得 (停徵)
國內基金(境內基金)	境外	配息	海外所得
		資本利得	證券交易所得 (停徵)

資料來源：作者提供

最後，目前最火熱的目標到期債券基金投資型保單，主要它的操作就是買賣國外的債券，因此是屬於境內基金投資海外，配息是屬海外所得，資本利得屬於證券交易所得，目前停徵。

圖 11-7 目標到期債券保單的稅負

目標到期債券保單的稅負

配息型目標到期債券

▶配息 ： 海外所得 （配息實現當年認列）

▶保單滿期資本利得 ： **證券交易所得，目前停徵**

累計型目標到期債券

▶保單滿期後所有累計利息資本利得 ：

證券交易所得，目前停徵

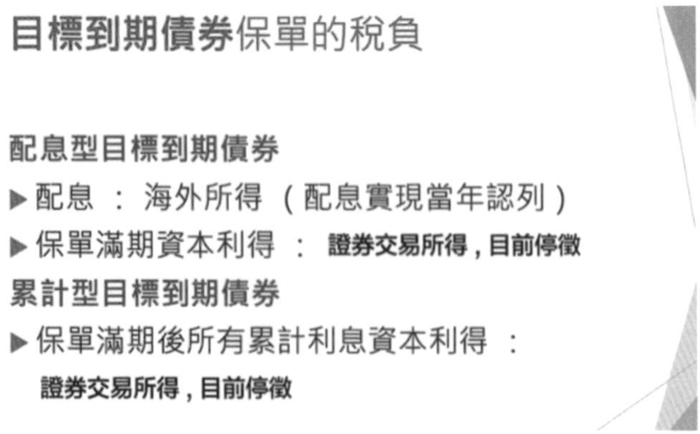

資料來源：作者提供

但是除了上述稅負之外，投資型保單是保險公司主動會向國稅局申報所得的險種，因此如果是高所得的人，就得在報稅的時候特別小心，不要漏報了投資型保單的所得。理專介紹買投資型保單，並且保單的資金來源直接從海外的 OBU 帳戶匯款，日前被國稅局補稅的案例。

為何這個案例會如此快曝光？因為保險人（保險公司）有義務向國稅局申報投資型保單裡面的海外所得。

根據財政部台財稅第 09800542850 號函令第四條規定：

(四) 保險人應於獲配收益之次年度 1 月底前，將所轉開予要保人之扣免繳憑單或股利憑單，向該管稽徵機關列單申報，並應於 2 月 10 日前將扣免繳憑單或股利憑單填發予要保人。

因此業主的海外資金曝光得又急又快。投資型保單是稅務透明的保單，投資部位的損益沒有逃漏稅以及節稅的空間，唯有壽險型的投資型保單，因為包含壽險理賠的部分，如果發生被保險人死亡，而有壽險理賠這一個部分，應該是免稅的。

其餘投資型保險還有哪些常見的稅務？以下一一解答。

Q：投資型保單有所得是對誰課稅？

A：要保人。由於投資型保單帳戶裡的資金最後由受益人領取，所以很多人會以為納稅義務人係受益人，但實際上，投資型保單的帳戶價值是屬於要保人的財產，若產生投資收益，當然是對要保人課稅。

Q：在 2010 年 1 月 1 日以前所訂立的投資型保單，即使在 2010 年之後單筆投入的資金也不用課稅嗎？

A：不一定。財政部發佈解釋令之前已簽訂並且已經投入資金的投資型保單，不論保單契約期限多長，均不受影響。但在 2010 年 1 月 1 日之後新增的資金無論利得或配息皆有可能要課稅，目前各稅務機關見解不一。

Q：對投資型保單中投資帳戶的生存滿期金請領，有無所得稅問題？

A：要保人與生存滿期金受益人不同時，屬於無償贈與，應課徵贈與稅。要保人與生存滿期金受益人相同時，屬於財產回收，免稅（投資帳戶平時已由保險公司開立扣繳憑單或股利憑單給要保人，課徵所得稅）。

Q：投資型保單中贖回基金，但沒有提出資金，是否就不用繳交所得稅？

A：不，要保人對於該收益可自由處分運用，故不論是否經提領運用，均屬已實現的所得，當時已由保險公司開立扣繳憑單或股利憑單給要保人，課徵海外所得。

投資型保單的稅務通常都是屬於綜合所得稅或是最低稅負制中的海外所得，如果想要更了解相關稅務，可以找尋信任的顧問協助，或是會計師諮詢。

總結

投資型保單是一種投資工具，具有保單的架構，但是實際上是投資。這類型的工具應該歸類於投資組合中管理，而非使用傳統型的保險當作退休計畫與保障使用。因此建議，「保障歸保障，投資歸投資」，不要使用同時兼具保障與投資的投資型保單，因為以它作為投資，成本過高，很容易導致績效不彰，而作為保險，保障的效果又不佳。

我的經驗告訴我，只有兩種類型的投資型保單功能是比較顯著的。

第一：壽險保額可以拉到非常高的投資型保單。

因為投資型保單的定期壽險保障是屬於第五回合生命經驗表，因此它會比一般傳統型的定期壽險更為便宜（傳統型定期壽險是屬於第四回合生命經驗表），大約可便宜30%。基於保費便宜的理由，建議如果真的要使用投資型保單當作工具，務必要使用投資型保單獨有的特色，也就是壽險保費便宜這個特點，並建議壽險保額要拉高到500萬元以上，這樣才能讓投資型保單的保障功能發揮。

何為生命經驗表 ？

人口中死亡事件發生的機率，就是過去的統計與觀察，這叫經驗機率。因此要設計死亡保險，一定要有這群參加保險的人死亡率的資料，這個資料在台灣稱經驗生命表（Table of Mortality）。

人口的死亡率會隨著醫療的進步而改變，同樣60歲的人，20年前的死亡率就比現在高，發生死亡的機會大，計提責任準備金較多，保費就較貴。隨著醫療進步、養生知識的普及，還有公共衛生的改善，現代人類的壽命越來越長，新編訂的生命表反映較符合事實的狀況，保費也較低。

香港因生命表更新速度較台灣快，也較能反映長壽的事實，以此計算保費較台灣便宜。

第二：使用躉繳型投資型保單有每年免費轉換標的的功能。

我們在挑選投資型保單的時候，如果主要目的是為了投資基金，並且頻繁操作基金（如果不頻繁交易基金，那麼使用券商平台或是基富通即可），那麼每年有免費轉換標的投資型保單，就是我們最好的工具，它會讓我們的交易成本降到最低。

除了上述兩項投資型保單的特色之外，多數的時候筆者都建議投資歸投資，保險歸保險，並且筆者還要再強調，投資型保單的本質是投資，因此要做規劃的時候應該要找投資顧問協助處理投資的問題，不然很容易造成投資績效不彰，而讓金錢白白浪費了！

保單的另類妙用

保單除了保障的功能之外，你能想到它還有什麼妙用嗎？這一個章節將分為遺產稅務、傳承規劃、資產保全3個部分，告訴大家保單的另類妙用。

- **遺產稅務**：從國稅局的角度來看看保險的遺產稅務，並且儘量符合免稅的規定。
- **傳承規劃**：很多時候，我們的遺產都會被莫名其妙的瓜分，該怎麼規避？
- **資產保全**：保單不可以被強制執行？本文有深入的解釋。

透過這3個部分，我們可詳細的理解各項內容，讓我們在規劃自己的保險時，能夠更加完善。

可以節省遺產稅？

依據「遺產贈與稅法第十六條第九款」規定，被保險人死亡時（要被保險人同一人），給付其所指定受益人之人壽保險金額不計入遺產總額。因此，可以歸納出來免計入遺產的必要條件有：**一、壽險；二、被保險人死亡；三、有指定受益人**；這3個條件必須同時存在，缺一不可。

近期我在幫客戶諮詢時，有客戶說道：理專說投資型保單如果被保險人死亡（要被保險人同一人），他的保險給付可以不用繳遺產稅，我認為這個答案是錯誤的。

1. 只要是投資型保單有分年金險與壽險，如果是年金型的商品，那麼保單價值就等於保險給付，再者投資型保險的保單價值是屬於要保人的資產，因此這部分必須納入遺產總額計算，沒有避稅的可能。
2. 如果是壽險平台的投資型保單，它的架構上就分：投資帳戶與壽險（定期壽險）。如果是投資帳戶的保單價值，會列入遺產總額計算，但是如果是壽險給付，則會納入人壽保險金額，不計入遺產總額裡面。

因此，投資型保單無法規避遺產稅，但如果是壽險級別，理賠保額的部分，就會符合免繳遺產稅的條件。

實務上，國稅局有實質課稅原則的尚方寶劍，因此根據我的經驗，通常遺產總額若低於3,000萬之下，國稅局比較不會去刁難這樣的案件，不過一旦遺產總額超過新台幣3,000萬，我建議所有的保險文件應在申報遺產稅時，都需準備齊全，讓國稅局官員核定正確的稅額，避免到時候因為漏報而被國稅局連補帶罰。

如果是傳統型的壽險，是否就符合免納入遺產稅的範圍呢？在此必須複習一下，前面所提過的國稅局必查八大樣態：**1. 重病投保；2. 高齡投保；3. 密集投保；4. 短期投保；5. 躉繳投保；6. 鉅額投保；7. 舉債投保；8. 理賠金額大於所繳保費。**

只要是符合上面八種樣態的傳統型保單，幾乎都會被納入遺產總額課徵遺產稅，而知道了國稅局的邏輯之後，我們就可以知道什麼樣態的保險比較不容易被課徵遺產稅了。

有時候正面表列的明確事項反過來解讀，其實就可以得到我們想要的答案，什麼樣的保險比較不容易被課徵遺產稅呢？

1. 非重病投保。2. 非高齡投保：這代表我們的保險必須提早規劃，最好在 60 歲退休之前就做好準備。

3. 非密集投保：代表我們規劃保險的時候，不能夠短期密集的投保，事前想好遺產的規劃，就可以避免因為重病、高齡的逼迫，而導致密集投保。

4. 非躉繳投保。5. 非短期投保：代表我們選擇的險種，不能低於 6 年，因為低於 6 年這類型的儲蓄型保單，就會非常像儲蓄，而不是保障。建議大於 10 年以上的規劃，就可以不符合短期這一項的定義。

6. 非鉅額投保：這點要依照個人財力而定，所繳保費不宜大於年所得 50% 以上，或是總資產的 10%，不然很難合理的說明這樣規劃的正確性。

7. 非舉債投保：亦即我們需要注意保險的資金來源不應該是舉債而來，否則不合常理。

8. 非理賠金額大於所繳保費：因此在險種的規劃就非常重要了。

根據上述的分析之後，大致上有幾種險種不會被納入遺產總額計算，像是：

1. 保障型的保險：如定期壽險、還本型的失能險及還本型的重大疾病險等，因為目的明確，它就是為了保障，所以應該都不會被納入遺產總額計算。

2. 儲蓄型的保險：如 20 年繳保額大於所繳保費很多的終身增額壽險。

綜合上述，如果我們的目的是為了將資產透過保險這個工具傳承給下一代，除了保障型的保險之外，要透過儲蓄型保險，就要使用以下的險種：終身增額壽險，並且這個險種保額要大於所繳保費，同時最好在 60 歲之前就完成規劃，繳費年期要拉長到 10 年以上，若 20 年會更好。

那麼目前市面上有這類型的險種嗎？有的，像是美元利變的終身增額壽險（表 12-1）。此險種的特色除了有機會免除遺產稅的課徵之外，還包含 1~6 級失能豁免保費的保障。而未來的儲蓄險規劃會越來越偏向這類型的保險，同時兼具有保障與儲蓄的功能。

表 12-1 美元利變的終身增額壽險

保單年度(末)	保險年齡	累積總保費(5%折扣)	基本保障		假設每年宣告利率為3.83%，回饋分享金給付方式選擇「購買增額繳清保險」		合計	
			身故保障(A)	年度末解約金額(B)	累計增加保險金額對應之身故保障(C)	累計增加保險金額對應之解約金(D)	身故保險(含增額繳清)(A)+(C)	解約總領金額(B)+(D)
1	40	22,657	800,000	-	-	-	800,000.00	-
5	44	113,285	800,000	60,880	4,266.34	1,761.62	804,266.34	62,661.62
10	49	226,570	800,000	144,640	21,135.79	9,861.96	821,135.79	154,501.96
15	54	339,855	800,000	238,400	50,311.70	26,116.80	850,311.70	264,516.80
20	59	453,140	800,000	459,920	91,628.05	52,676.97	891,628.05	512,596.97
21	60	453,140	800,000	468,960	101,164.85	59,302.84	901,164.85	528,262.84
31	70	453,140	800,000	560,640	202,411.50	141,849.98	1,002,411.60	702,489.98
41	80	453,140	800,000	643,920	315,268.25	253,759.41	1,115,268.25	897,679.41
51	90	453,140	800,000	711,920	441,080.57	392,517.60	1,241,080.57	1.104.437.60
61	100	453,140	800,000	758,400	581,357.50	551,126.90	1,381,357.50	1,309,526.91
71	110	453,140	800,000	800,000	737,570.33	737,570.33	1,537,570.33	1,537,570.33
祝壽保險金(保險年齡達 111歲)			800,000		737,570.33		1,537,570.33	

資料來源：作者提供

最後，即使我們做了層層的分析與規劃，最後是否課徵遺產稅這個權利，仍是在國稅局的手上，實質課稅原則是尚方寶劍，我們理財規劃顧問能做到的，就是讓我們規劃的樣態遠離國稅局必查的重點，但實務上，我仍然建議，在申報遺產稅的時候，把保單一起帶給國稅局官員參考，讓主管機關決定是否課徵遺產稅是比較好的做法，這樣才能夠確保萬無一失。

經驗分享：

有客戶提問到，如果規劃的不是終身增額壽險，而是年金型的保險呢？是否也有類似的效果？我的回答是，年金險未進入給付期前身故，不符合遺產及贈與稅法第 16 條第 9 款規定，會併入遺產總額計算。如果年金進入給付期之後才身故，依現行的保險法第 135 條之 3 規定，受益人領到的年金，可不計入遺產。但是稅務機關仍會審核要保人的投保動機，如發現有規避遺產稅事實，仍可能依實質課稅原則課徵遺產稅。

案例一：

中區國稅局沙鹿稽徵所表示，被繼承人生前投保年金保險，於其死亡後，保險公司返還年金保單價值準備金，該保險給付核屬被繼承人遺有財產價值之權利，不符合遺產及贈與稅法第 16 條第 9 款規定，仍應併計其遺產總額課稅。

案例二：

南區國稅局官員指出，如果要保人在年金保險進入給付期後，才死亡，保險公司依照年金給付的規定，將未支領的年金部分依約定給付予身故受益人，依現行的保險法第135條之3規定，受益人領到的年金可不計入遺產。但實務上，稅務機關仍會審核要保人的投保動機，如發現有規避遺產稅事實，仍會依實質課稅原則課徵遺產稅。

可指定受益人，安排自己的財富

保險最大的妙用，我認為就是指定受益人這一項。

什麼是指定受益人呢？即是由要保人決定誰是受益人，也就是保單的繼承人，這個完全可按照要保人的意願，並且只有要保人有權利變更受益人，他人無法干涉。

在財富管理的諮詢過程中，曾經有一個案例讓我印象深刻，這個案例是一位名人，目前沒有配偶，且上無父母，下無子女，是家中么女，雖然有兄弟姊妹，但是年齡都大她20歲，因此可能都比名人早走。於是我在接受諮詢時，問了一個問題：您一生打拼努力賺錢，如果沒有規劃好，您的錢可能全數都收歸國有，您知道嗎？一句話就打動眼前的諮詢客戶，因為這一點是她從未想過的細節。

按照民法繼承篇，如果有人繼承遺產，誰來繼承？

1. 有遺贈撫養協議的，按照協議辦理；
2. 有遺囑的，按照遺囑繼承或者遺贈辦理；
3. 若無遺囑也無遺贈撫養協議的，則按法定繼承辦理。

   當然繼承人：配偶

   第一順序繼承人：直系血親卑親屬：子女

   第二順序繼承人：直系血親尊親屬：父母

   第三順序繼承人：兄弟姐妹

   第四順序繼承人：祖父母

如果以上都沒有的時候呢？在無人繼承的時候，國家將以最後的法定繼承人的身分繼承財產。

因此我們透過法律的理解，回到案例上，在KYC之後，名人是沒有配偶，且上無父母，下無子女，同時比兄弟姊妹年幼20歲以上，因此當名人生命將末了，將會沒有繼承人。如果又沒有經過規劃預立遺囑公證，分配好財產，那麼這些辛苦打拼的財產最終將收歸國有。

那麼我們將如何規劃這個案例？當然預立遺囑是一定需要做的動作。而這個時候除了預立遺囑之外，我還會把保險規劃納入選項。因為保單的受益人，可以完全由要保人決定，不受民法的影響。

在這個規劃的案例中，我知道名人一向每個月都有在世界展望會認養全世界貧困的孩子，因此便規劃了一張終身增額壽險，受益人不是他人，就是世界展望會，讓她的愛心不會隨著生命的逝去而改變。

另外，大家應該還記得當時震驚社會的張榮發遺產事件，當時遺囑上明確的表達，張榮發要讓四子張國煒繼承整個長榮集團，因為張榮發認為張國煒最有機會把長榮推向更好的前景。不過事與願違，遺囑面對民法法律的權利時，就會無效了。因為民法繼承篇第 1223 條規定：

繼承人之特留分，依左列各款之規定：

一、直系血親卑親屬之特留分，為其應繼分二分之一。
二、父母之特留分，為其應繼分二分之一。
三、配偶之特留分，為其應繼分二分之一。
四、兄弟姊妹之特留分，為其應繼分三分之一。
五、祖父母之特留分，為其應繼分三分之一。

因此，即使張榮發想要讓四子張國煒全數繼承長榮事業，也是不可能的。但是透過保單，結果就不同了。保單的要保人有權利決定受益人是誰，比例有多少，並且可以不受特留分的影響，而讓繼承計畫有變。

再來除了上述案例之外，還有什麼規劃的可能？我也曾經幫客戶這樣的規劃：客戶本身篤信佛教，並且十分想要將財產多數捐給佛教團體，但是礙於佛教團體不是繼承人，詢問該如何做？

我建議，趁著身體健康，透過保險來解決這一件事情，但該怎麼做呢？其實非常簡單，我們把保單受益人寫上佛教團體的名稱，並且清楚標示他的財團法人立案的編號與受款帳戶即可。那麼受益人可以是法人？答案是可以。受益人身分可以為立案法人與自然人。

並且我在報紙上，也查詢過相關的案例：姑姑單身一人，沒有婚嫁，也沒有子女，只有姪女照顧姑姑，但是姪女並不在繼承人之列，因此要怎麼解決這個困難點呢？

其一，可以透過遺囑規定；其二，利用保單的指定受益人可以做到。因此，保單的指定受益人是一個非常重要的性質，也是規劃保險者需要了解的特性。

指定受益人可以讓您的傳承計畫，完全按照您的想法規劃，不受民法的影響，並且保單受益人的變更與指定，完全都可由要保人決定，要保人擁有十足的控制權。因此，如果您打算將資產做公益，或是將資產捐贈給寺廟宗教團體，那麼就可以使用保險的指定受益人這個功能，即可完成這個規劃。

具資產保全功能，並非隱藏資產、欠債不還

保單有較好的防禦力，面對被強制執行時，仍有機會全身而退，因此在資產保全上，保單的確有較好的表現，但是保單不是拿來做隱藏資產與欠債不還的工具。

在清楚說明保單有較好的資產保全功能之前，先思考一個問題：要保人欠債，債務人是否可以向法院申請強制執行保單？並且取得保單的保單價值呢？

依保險法的定義：保單為要保人的資產，因此只要欠債了，對方（債權人或銀行）就能夠申請假扣押要保人的資產，當然包含保單。依據台灣法律的規定，債務人如不清償債務時，債權人得就債務人「全部的財產」進行扣押等強制執行行為。而一般商業保險（即向保險公司投保的保險）所生具有金錢性質的各項權利亦屬債務人的財產，故債權人可向法院聲請扣押債務人的保險契約權利。

扣押保單之後，債權人就能夠拿到保單裡面的錢嗎？曾經有個案例：106 年保險上字第 14 號，債務人扣押要保人保單之後，想要代位要保人取價，拿出保單裡面的保單價值準備金作為債務的抵押。在法院攻防時：人壽公司反駁保單價值準備金為要保人資產，人壽公司認為壽險的保單責任準備金，並非要保人的財產，根據《保險法》第 11 條、第 145 條、第 146 條及第 119 條，雖然保單責任準備金是保險公司的資產，但屬於限定目的的資產，而非要保人的責任財產，並且保單的契約終止，必須由（原）要保人提出終止契約，才能依責任準備金計算並給付解約金。因此一審及二審都判決債權人敗訴。

根據上述這個案例，債權人在申請強制執行扣押保單的時候，能做什麼呢？保險被扣押後，僅**債務人**對保險契約的權利受到影響。意思是債權人可以行使要保人的權利，但是不能強迫要保人（債務人）解約保險，並且「債務人以外」的其他保險契約關係人權利「不會受影響」，例如：債務人為要保人，並且原始保險中有每年分紅給受益人之保險給付，則將不會影響申領該保險金之權利。

那麼被扣押的保單，會發生什麼情況？（實際狀況仍須以法院執行命令為準）：

一、要保人：

（一）保險變更的權利，例如：展期、繳清或變更要保人、受益人等可能減少財產之行為之權利。

（二）保險金取得之權利：如解約金、保單借款等，能讓保單價值回歸要保人帳戶之權利。（如有解約金，必須先償付債務之後，並向法院申請撤銷保單扣押之後，才能取得剩餘的保單價值）

因此，從上述案例我們清楚的看到，保險被強制執行之後，最好的狀態就是所有的保障不變，並且債務人除了生存金給付、醫療險給付這些資金會回到要保人帳戶的保險給付，可以強制執行之外，無法強迫要保人解約，自然也就無法取得解約金來償還債務。這就是所謂的保險具有不可被強迫解約的功能。

但近期有以台北地方法院104年度北簡字第12819號為例，法官認為要保人的保單解約金請求權屬於要保人的財產權，可以強制執行。也就是說，執行法院有權禁止並取得債務人對保單契約的處分權，代替債務人解除保單契約，取得解約金償還給債權人。並且多數法官似乎愈來愈傾向以保護債務人的利益為優先。

綜合上述，我們規劃儲蓄險作為資產保全功能的時候，就必須要注意：

1. 保單的資產保全，是讓我們可以留存最後的錢不被強制執行。
2. 不是只要買了保單，就可以欠債不還。

保單可隱藏資產，更進一步還可以逃漏稅？

我近期聽到仿間的保險業務人員分享：保險為隱形的資產，可以讓國稅局查詢不到，具有隱藏資產的功能。這樣的說法，就跟非洲相傳只要禿頭的人去拔雄獅的鬃毛能治療禿頭一樣，這是錯誤的說法。

不知道大家最近這幾年有沒有向國稅局報稅的經驗，我們可以發現一點，在扣除額的減項上面，國稅局幾乎都自動幫我們扣除 24,000 元的人壽保險保費，這代表什麼意思？甚至國稅局可以把過去一年所繳的保險費都列表出來，讓我們可以當作申報扣除額的依據。既然國稅局知道過去一年所繳保費的明細，請問國稅局真的想要查保險裡面有多少錢的時候，做不到嗎？

所以，我在這邊跟大家說明：如果您的保險業務人員告訴您，保險具有隱藏資產的功能，甚至誇大的跟您說，保險因為有隱藏資產的功能，可以利用這樣的功能來逃漏稅或是隱匿資產時，請勿相信，因為這是做不到的事情。

稅務官只需把要保人請去國稅局喝個咖啡，並且把保單號碼跟過去的繳費明細列出來，然後請要保人去電保險公司客服，協助查詢一下保單價值有多少，自然而然，仿間號稱可以隱藏的資產保單立刻就現形了。

規劃儲蓄險的資產保全功能，主要是有機會（不是一定不會）不被強制執行或強迫將保單解約償還債務，因為其他登記性的資產如：銀行存款、股票、債券、房地產等，只要被強制執行，一定都是被凍結，在償還債務之前，必然無法動用，而保單多了一分機會。

因此，我在規劃儲蓄險的時候，不會使用不會被強制執行與資產保全這類型的話術，因為保險的功能為集合眾人的錢分散風險與損失，讓遭逢重大事故的人能夠獲得金錢補償，來度過人生的難關，而不是拿來做逃稅，隱藏資產的其他用途。

13 全方位的保險規劃

同樣的險種，但因為資產的高低，會造成顯著的差異，因此本章節就根據資產的高低，提出一些保險規劃的原則以及建議的險種，讓每個人都能夠清楚自己所在的位置，並且做出最適切的保險規劃。

我們必須要承認，資本市場就是一個對資產高的人有利的環境，而且越有資產，能獲得的資訊與服務就更多，因此選擇也就更多，能創造的效益也越大。

我根據資產規模的大小提出建議，因為資產規模會影響根本的需求，例如：資產超過一億元的富豪需要失能險嗎？也許失能險的功能相對比較沒有那麼重要，因此會建議他使用還本型的失能險，第一：保費有去有回；第二：如果人生路途上遇到失能的時候，可以獲得理賠；第三：如果人生路途上，沒有遇到失能的狀況，這一筆保險最終還能夠轉換成為壽險保額，給付給受益人當作預留稅源的功能，一舉三得，將金錢的效益做到最高。

但是如果小資族給他這樣的保險，其立刻就會被保險費壓垮，光是買足額的還本型失能險，可能一年的保費就高達5~8萬元，讓小資族的人生為了保險公司而打工，讓自己的人生反而過得更糟，進而失去了保險的目的。

小資族：淨資產 10 萬美元以下族群的保險規劃

除了保險之外，我認為這是最需要提升自我的族群，無論在觀念與教育程度上，這都是屬於比較弱勢的族群，因此想要脫離這個族群，就必須花非常大的努力提升自我，這才是最佳的選擇，沒有人希望一直停留在為錢煩惱的階段。如果是月入3萬元的小資族，我更建議，應該花大部分的錢來提升自我，當初我就是從月薪25K，一路走到今天的。當時我的學費佔了年所得1/3 ，提升自我永遠是最好的策略。

淨資產10萬美元以下的族群（家庭年收入低於100萬元），通常落在基層工作人員的家庭或是剛出社會的小資族，這一階段族群的特徵是薪資相對較低，並且沒有富爸爸富媽媽的支持，因此這是財務風險相對高的族群，並且他們的資源相對較少。他們的保險配置，第一優先考慮的是保費，因此這一族群要的就是CP值最高的險種，並且依照工作的屬性配置險種，以下就是我的建議。

第一：保險首重 CP 值

所有保險費都必須花在刀口上，讓保障足夠，並且讓剩下來的資金透過投資增值的方式，讓資產成長到 300 萬以上，這樣才有多餘的被動收入， 更進一步提升家庭的生活水準，也能累計更多的資產抵抗風險。

只是我們該如何規劃呢？首先，我們規劃的重心在保障高，且保費要便宜的險種。只要有工作，一定要請自己的公司保足額的勞保。如果連最基本的勞保都不能足額，那麼得好好考慮是否值得繼續留在這間公司工作，這樣的狀況多數在中小企業發生，台灣的中大型企業比較少有這樣的狀況。這關係到萬一發生意外，或是職業災害的時候，能夠有基礎的保障，因為勞保本身就有勞保失能給付，這是最基層的失能險。

另外，團體保險也一定要加保，並且幫家人附加。各大公司通常都會有團體保險（好一點的公司會直接幫員工投保），如果是需要自費承保的，也請直接加保，因為團體保險的好處是，保費相對比一般商業保險便宜，並且多數都是免體檢的，這樣可讓有體況的家人獲得最基本的保障。通常市售的保障型保險，幾乎都拒保糖尿病的患者，但是透過團體保險不問體況的特性，可以讓糖尿病患者有一些基礎的保障。

第二：產險公司的意外險

產險公司的意外險就是一個必備的險種，額度上我建議至少需要500萬（年繳保費約4,000～6,000元）。這個族群通常機車會是主要的交通工具之一，而機車相較於汽車，就是一種比較容易發生意外的交通工具，因為機車是肉包鐵，汽車是鐵包肉，在發生意外的時候，往往會造成比較重大的傷害，這時候意外險就能發揮它的功能。同時產險公司的意外險，會比壽險公司的意外險便宜20%以上，因此是CP值高的險種，剛好符合這個族群所需要的特質。

第三：產險公司出的重大傷病險、重大疾病險、癌症險（年保費5,000元左右）

通常無論是壽險公司或是產險公司的重大疾病險，都是所謂的只要給付了重大疾病保險金，這張保單就消滅了，因此買壽險公司的跟產險公司的差別不大，但產險公司的保險最重要的，就是保費相對便宜，保障相對高。可惜缺點是，產險公司的保險續保年齡通常會比壽險公司來得低，因此這類型的保障只能夠作為初期補強保障之用。

第四：壽險公司的定期險（整體足額的失能險、醫療險，年保費約2萬元）

我們都知道，所有保障型的保險幾乎都有終身型與定期型兩種。終身型的保險什麼都好，缺點就是保費是定期型險種的 3~5 倍，因此 10 萬美元以下的族群，我建議應該以定期型的險種為主，因為這樣才能夠空出足夠的金錢做儲蓄與投資。

第五：失能險

以不還本型的失能險為主，並且搭配一年一約的失能險附約，這樣就能達成保費便宜且保障充足的狀態。

第六：定期壽險

最後如果家庭有房貸、負債，那麼即使是小資族，也必須要考慮定期壽險這個工具。身體好且不吸菸，更可以使用非吸菸的優體壽險。

並且這一階段的退休規劃，我建議應該要以投資為主，因為這一階段的資金較少，要以穩健的投資為主，拉高報酬率以達成退休所需的金額。儲蓄險因為報酬率相對較低，比較不適合這一階段使用。

總結：

這一階段使用的工具，都是保費便宜且保障高的商品，但是也不代表不能購買終身型的險種，只是要考慮到資金的短缺與資金應用的效率，應該以定期型與產險公司的產品為主。

中資產族群：淨資產 10 萬~100 萬美元族群的保險規劃

資產能夠達到 10~100 萬美元的家庭（家庭年收入超過 100 萬，小於 300 萬），通常都是步入中年的雙薪家庭，或是在公司擔任主管一職，或是高薪的高科技族群、工程師、專業的三師族群。而資產累計到這一階段，只要好好理財，並且不要發生重大意外，或是遇到金融風暴造成資產大損，那麼資產的累計速度將會非常的快，通常在 10 年內，總資產就會大於 100 萬美元，進入被動收入與主動收入相當的時點。

舉例來說，當資產累計到 1,000 萬台幣，我們只需要投資固定收益類商品，如年殖利率達到 5% 的商品，那麼表示一年就可以產生 50 萬元的被動收入，相當於月薪 4 萬的人工作一年的所得總和。這個時候只要主動收入持續，並且還繼續儲蓄，每年增值下來的財富將會非常快速。

如果財富達到這個階段，年齡還未滿 40 歲，我仍是建議與資產 10 萬美元以下的族群相同的建議，以定期險還有產險作為主要保障的工具，持續用高保障低保費的工具，將省下來的保費繼續投入市場，來加速資產的成長以及累計。

如果財富達到這個階段，年齡已經達到 40 歲，我會建議，所有的保險規劃一定要重新審視，並且考慮加入終身型的險種。

除了跟 10 萬美元以下的族群一樣，勞保、公司團保都要做足之外，跟 10 萬美元以下族群最大的不同點：

第一：這個時候重大傷病、重大疾病、癌症等險種，無論是產險或是壽險的定期險，保費就開始急速地升高，到了 50 歲之後，保費更是三級跳（每年都以 5~10% 成長），因此，這個時候鄭重建議，要將終身型的險種納入考量。

40~50 歲的時候要趁著相對年輕，身體狀況還允許，便要開始轉換險種到終身型。並且這些險種多數都還有壽險的功能存在，也可以當作未來規劃預留稅源的準備，一舉兩得。

第二：這個階段的失能險必須用終身型的險種來規劃，因為失能險是少數終身型的險種，遠優於定期型的險種。

多數定期失能險的月給付最高只能給付到 65 歲或 75 歲，且最長的給付都在 180 個月以下，萬一發生更長時間的失能情況，保障一定不足。或是年齡高過最高承保年齡，定期險不保障的時候，會造成保障的缺口。

因此資產達到這一階段的人，建議要將失能險改成終身型的險種。並且資產超過台幣 1,000 萬以上的族群，更可以加入終身型且生存還本的險種，在繳完保費之後，獲得終身的保障，還能將所繳保費拿回，做其他的應用，一舉兩得。

第三：這個族群可以儲蓄的金額相對就高了，因此，非常建議加入具有失能豁免保費的儲蓄險，作為退休規劃的一環。

退休規劃在資金少的時候，應該要冒比較高的風險，獲取較高的報酬率。當我們資產達到一定程度之後，穩健便成為我們很重要的考量點，最好要有豁免保費的儲蓄險，兼具有保障的功能存在，讓退休規劃能更不畏懼風險，達成目標的機會更高。

這一財務階段基本上對於風險有相對高的抵抗能力，並且可以開始以錢賺錢的循環，資產累計相對快速，因此保險除了 CP 值之外，更要多考慮退休以及終身型的險種規劃。

我更建議可找專業的顧問，替自己的保險做一個總整理（這階段通常會有很多人情保，導致保險一大堆，但是不知道是否有效益），並趁此機會做保單的健診，重新審視規劃保險是非常重要的。

高資產族群：淨資產 100 萬以上族群的保險規劃

淨資產達到 100 萬美元以上，基本上就算是財富自由的族群了，這一族群通常是企業主、創業人士、地主、三師，或是上市櫃公司工作 20 年以上，或是辛苦工作及儲蓄而即將退休的族群，才能夠擁有這樣的財力。

達到這樣的資產之後，光是 100 萬美元投入殖利率 5% 的商品，一年就可以產生 5 萬美元的被動收入，幾乎等於一個中產階級一年的工作薪資，這個時候的資產幾乎可以抵抗所有的風險（仍然不能完全抵抗失能的風險）。並且這個族群如果年紀稍長，更需要考慮繼承的相關問題，因此這一階段要考慮的保險，跟前面兩階段需要考量的點幾乎不同。

第一：以失能險來說，完全建議使用終身型且能夠還本的險種。

因為能讓 100 萬美元以上的族群感受到金錢壓力的風險，除了生意被他人跳票、經商失敗、作保被倒與重大投資失利，或是被詐騙集團詐騙之外，應該沒有什麼風險不能涵蓋。並且多數終身型的保險，可能光是房租收入，或是固定收益產品的收入，就足夠給付保險費了。另外因為終身還本型的保險還有壽險的功能存在，更可以當作預留稅源使用，一舉兩得。

第二：具有高額保障的終身增額壽險的功能已非常顯著。

近期我到幫一個中小企業主規劃，年紀約 50 歲，他的孩子已經唸大學了，他想要幫孩子準備一筆錢，但考慮到萬一太早贈與，孩子會將錢拿去揮霍花掉，這樣反而更不好，這時該怎麼辦呢？

如果擔心孩子揮霍，那麼就以自己生命作為標的，直到眼睛永遠閉上的那一刻，才讓保險金給付給小孩。若還是擔心小孩一次拿到大筆保險金就不工作，坐吃山空，還可以選擇分年給付保險理賠的險種，分 20 年給小孩保險金。至少小孩不會因為一次拿到太多錢，揮霍無度。分年給付也可讓小孩在短期間內不會餓肚子，而能定期拿到足夠生活的基本生活費。

因此與其他兩個族群不同，當資產達到 100 萬美元以上，建議會以儲蓄相關的險種或是終身還本型的保障型險種作為主要的規劃。因為這些險種都具有壽險的功能，並且對高資產族群來說，這些長年期的壽險還具有可能可以節省遺產稅的功能存在，不只是單純的儲蓄與保障，還有稅務的考量。

以近期我所規劃的保單而言，業主本身為中小企業主，他表示即將退休，小孩並不打算接任他的事業，因此他給小孩自由選擇的機會，希望小孩自行打拼，因此在規劃保單的時候，特意選在他的小孩在場的時候，跟他說他父親有這樣的規劃，有一大筆錢要等到他父親閉上眼睛的時候，他才有機會拿到。但中途只要小孩有任何不規矩的動作，這一筆錢的保險受益人，隨時可以改成慈善機構。

這樣對孩子有激勵的效果，同時也做好了預留稅源的規劃。如果風險提早到來，這一筆壽險的理賠金額也達到 200 萬美元，足以讓一家獲得足夠的基本生活費活到老。

▬ 第三：建議財力達到這一階段的客戶，多買一張保單，這張保單的受益人是慈善團體。

人生除了賺錢之外，應該還有許多的目的，我的信仰教導我永遠要替別人著想。其實我們會有金錢，不是因為自己有多麼厲害，而是來自於這個社會大家的努力才有的結果，取之於社會用之於社會，我們可以透過保單來達成這樣的理想，並且規避掉萬一身後遺囑執行人不執行捐助慈善時的風險。透過保單的指定受益人這個功能，就能讓大愛持續傳遞下去。

若我們購買的是具有豁免保費功能的終身增額壽險，即使在儲蓄期間發生意外導致失能，愛心也能夠不中斷，讓愛持續傳遞下去。能力越大責任也越大，資產越大社會責任也越大。安得廣廈千萬間，大庇天下寒士俱歡顏，風雨不動安如山。

在自己有足夠的金錢，讓家庭的成員也有基本的金錢保障，最後推己及人，讓社會也能共享這份資產，這才是一個圓滿的人生。

重大議題

本章節主要在探討各項保險的實用性以及重大議題，例如：終身醫療險好，還是實支實付好？保險公司為何會有這麼大筆的匯損？如果保險公司倒閉了會怎麼樣？…這些都是目前火紅的議題。而針對這些議題，我提出自己的見解給大家參考！

保險公司的匯損

商業周刊一月份的專題《懸崖上的台灣經濟奇蹟，台灣壽險業匯損2,000億元》，正常來說，保險公司是集合眾人的錢，然後實現社會經濟互助性質的活動，體現「人人為我，我為人人」的精神，也就是將有相同危險的千家萬戶的投保人所繳納的保險費集結起來，以分擔某一戶的經濟損失。這樣的保險公司，基本上背負著社會責任與社會安全的功能，只要不要發生巨災，多數情況都不會發生財務危機。

但是台灣的壽險業為了搶佔市場，推出幾乎沒有保險功能，但有一定投資工具性質的儲蓄險，使其看上去兼具保值的功能與取代定存的功能。實質上，這類型的產品就是設計出來替銀行吸收爛頭寸的衍生產品，好讓民眾將定存轉成購買保險商品，使銀行與壽險互利共生，銀行的爛頭寸問題獲得緩解。甚至銀行因為銷售儲蓄險，不僅降低了爛頭寸，還能有手續費的收入可以賺取，對銀行來說是三贏。而保險公司在吸收資金的過程中，可以壯大自身的規模，但也因此種下了幾乎無解的難題。

台灣壽險業因傳統儲蓄型保險的保證型商品佔準備金比重逾80%、平均保證利率3~5%、負債存續年期高於資產5~8年，被國際信評機構穆迪列為獲利波動超高風險國家，僅次於德國、荷蘭與挪威，排名第四大風險國。

一個簡單的儲蓄險，看起來很像定存的商品，為什麼會造成這麼大的危機？儲蓄險跟過去保險功能不太一樣，儲蓄險是一個吸金的工具，保險公司拿到保戶給的保險費之後，保險公司僅提供由保險公司保證的最低收益報酬率，例如圖14-1保險公司保證的壽險，這些保險的本質並不是保障，而是投資工具或是類定存。而這些儲蓄型保險，就是讓保險公司造成重大匯損的主因了。

圖 14-1 保險公司宣告利率較高之壽險試算

×山人壽

×山人壽享○○美元利率變動型終身壽險(USISL8)(宣告利率=3.70%)，2019年7月

第7年末IRR= 3.11%，總累積淨報酬率 = 23.94%
第10年末IRR= 3.32%，總累積淨報酬率 = 38.65%

×山人壽美○○美元利率變動型年金保險(UPISA)(宣告利率=3.59%)，2019年7月

第7年末IRR= 3.11%，總累積淨報酬率 = 23.9%
第10年末IRR= 3.25%，總累積淨報酬率 = 37.7%

×光人壽

×光人壽美○○外幣利率變動型終身壽險(宣告利率=3.70%)，2019年7月

第7年末, IRR= 3.07 %, 總累積淨報酬率 = 23.59%
第10年末,IRR= 3.27 %, 總累積淨報酬率 = 37.96%

×光人壽美○○外幣利率變動型終身壽險(宣告利率=3.70%)，2019年7月

第7年末+1天, IRR= 3.01 %, 總累積淨報酬率 = 23.06%
第10年末+1天,IRR= 3.23 %, 總累積淨報酬率 = 37.37%

資料來源：作者提供

首先，保險公司拿到錢之後，要發放業務人員佣金，以及保險各個精算、核保、理賠等部門都需要費用，七減八扣之後，剩下的資金大約是原始所繳保費 95% 以下，拿到這些錢之後，保險公司就要把這些資金投入市場上，獲得比他們宣告的利率更高的報酬，否則保險公司會虧錢。

因此台灣保險公司資金的成本平均落在 4%~5% 之間，只要當年度投資報酬率低於資金成本，實質上保險公司是賠錢的。過去國際級的大公司 AIG 就是因為投資失利，造成公司重大虧損，如果美國政府沒有出手救它，這間百年企業就要倒閉了。當時台灣的國華人壽也在同一時間被金管會接管，所幸國華人壽規模較小，耗盡當時各家保險公司 30 多年積累的保險安定基金 300 多億元。

過去數十年股市都處於多頭的時期，保險公司總體而言都處在小賺小賠的階段， 但是 2018 年是股市匯率波動較大的一年，因此就產生了巨大的匯損，除了匯損之外，還伴隨著巨大的投資損失。截至 2018 年底為止，整體壽險業資產高達 26 兆元台幣，因為台灣投資的機會相對較小，造成資金都往海外投資，並且目前台灣壽險業投資海外的實質比重將近高達 70%（法規的上限是 45%，但是透過台灣國際版債券以及投資國內投信發行的境外 ETF 規避投資海外上限的法規），因此只要國際局勢動盪，那麼台灣的壽險業就會造成重大的損失。

因此，目前台灣的保險公司一點也不像保險公司，反而像一家國際證券投資公司，專門以保險公司名義發行由保險公司保證利率的投資產品（儲蓄險），然而這個不正常的現象如果繼續蔓延，那麼最後將不可收拾。因此我們的主管機關經過十多年的沉睡，終於要開始修正保險業不賣保障型保險這個現象。由於這個怪現象也導致原本想賣保障型保險的國外保險公司，全數都退出台灣市場。目前台灣的保險公司主要的收入來源是儲蓄險，去年壽險公司的匯損是 2,200 億元，如果主管機關放任壽險公司持續大賣類定存、類投資的儲蓄險，後面就會造成不可收拾的狀況。

保險公司倒閉…

過去流傳在理專界的一句話：「今天的業績，明天的業障」，如今正在保險業上演！早年保險公司銷售的高利保單，當時郵局定存利率高達 9.5%，同一時期，許多保險公司賣的儲蓄險保單預定利率為 7%~8%，預定利率幾乎等於保險公司信用保證的報酬率。

但是隨著台灣經濟成長率一路下滑，也讓台灣的基礎利率一路下滑，最終躺在 1.1% 多年，而當初那些高利保單儼然成為保險公司的龐大負債，造成壽險業巨大的利差損，並且這個沉痾到今天仍然無解。

目前保險公司的槓桿比例仍然很高，例如：保險公司的淨值只有 200 億元，但是實際上卻操盤 8,000 億元的保險投資部位，這個槓桿比例高達 40 倍，也就是說，只要整體市場波動超過 2.5%，很可能保險公司就會沒辦法承擔這樣的風險。因此，我們必須知道，如果壽險公司倒閉，保戶會發生什麼樣子的狀況了。

如果您的壽險顧問還在跟您說保險公司不會倒閉這一件事情，可以請他去google一下「國光人壽」這個關鍵字。台灣曾經發生過國光人壽倒閉的例子，雖然保險公司已經有保險安定基金等防備，並不表示保險公司絕對不會倒閉，所以您對這位壽險顧問的專業可需要打一個大大的問號了。

當時國光人壽的倒閉，主要讓當時兩大壽險公司（國泰、新光）概括承受國光人壽的業務，而在保險公司倒閉的情況下，保戶的權益是否會受損呢？答案這是一定的。

首先，保險公司因營運惡化被判接管時，依保險法第149條之二，可報經主管機關核准，針對原保險公司的舊保單要求調漲保費，或是降低保額。在此一階段，保戶就無法享受到和過去一樣條件的保單，而被迫要接受新的條件。權益受損如果更嚴重一些，保險公司無法自救了，保險安定基金會出手幫忙。根據保險法的第143條之三，當保險公司無法自救時，主管機關能啟動安定基金做為賠償金的墊付機制，要注意的是安定基金並非全額理賠，而是有動用範圍及限額的。

保險安定基金的墊付標準：本基金對每一保險公司單一動用事件依據本法第143條之三第一項第三款所定墊付之範圍、單項金額及總額限制如下：

(一) 身故、失能、滿期、重大疾病（含確定罹患、提前給付等）保險金：以每一被保險人計，每一保險事故；或每一被保險人之所有滿期契約（含主附約），為得請求金額之百分之九十，最高以新臺幣三百萬元為限。

（二）年金（含壽險之生存給付部分）：以每一被保險人計，所有契約為得請求金額之百分之九十，每年最高以新臺幣二十萬元為限。

（三）醫療給付（不包含長期照護給付）：以每一被保險人計，每一保險事故為得請求金額，每年最高以新臺幣三十萬元為限。

（四）長期照護給付：以每一被保險人計，每一保險事故為得請求金額，每年最高以新臺幣二十四萬元為限。

（五）解約金給付：以每一被保險人計，為得請求金額之百分之二十，最高以新臺幣一百萬元為限。

（六）未滿期保險費：以每一被保險人計，為得請求金額之百分之四十。

（七）紅利給付：以每一被保險人計，為得請求金額之百分之九十，最高以新臺幣十萬元為限。

前項各款之得請求金額，為扣除欠繳保險費、自動墊繳保險費本息及未償還之保險單借款本息後之餘額。

但是保險安定基金還留有一個但書，萬一保險安定基金不夠的時候，可以報請主管機關核准，調整上面墊付款的比例。

因此，面對越來越詭譎的金融市場狀況，我們必須先行預防保險公司倒閉的狀況，在事前就選好一家財務狀況穩健的保險公司。近期幾家保險公司會出狀況，都是壽險經營者的瀆職所造成，我想除了選擇一家誠實經營的保險公司之外，更要考慮保險公司老闆的品格 ，這樣才能替我們的保險真正的保險，我們的理財規劃、保障規劃才能真正可以達成目的。

停售就該買保險？

只要是保單停售，我們都要快點買保單嗎？這是我在某家保險經紀人公司工作的時候，上頭常常教我們的一個話術。這個話術的目的是要讓客戶快點下訂，決定買保單。其實無論儲蓄險或者是保障型保單，幾乎都有這樣的效應。

記得當時我離開保險經紀人公司的時候，當時保險經紀人主推的商品是投資型保單，主要的話術就是：民國 99 年最低稅負制實施之後，投資型保單的收益就要納入海外所得計算，未來簽約的保單都要被課稅了，因此必須要趕快買投資型保單。當然這是一個不錯的建議，但不是每一個人都需要這一份保單，並且這些投資型保單前置費用都相當的高，如果解釋不清楚，很容易造成糾紛。

每一種保單的購買都需要經過仔細的規劃，而不是因為它會少了某些好處，或是利率降低一些，或是分紅少一些，或是保費未來將會調漲一些而買保單。買保單的目的只有一個，經過層層的分析之後，在預算之內，買到自己需要，而且保障高保費相對低的保單，這才是最重要的目的。

查閱近 10 年的停售保單，說是因為調降利率、必須要漲價的保單，都有兩個共同的特點：高保費、低保障。再仔細分析這些停售保單，如果是儲蓄險，通常是儲蓄為主，保障的成分相當少；如果是保障型保單，通常都是以終身型為主：保障高、保費便宜的非常少。所以這些保單的共同特色，因為保費相對較高，會讓資產較低的人無法轉移人生風險，並且讓保障產生缺口。

我認為，所有的計畫都需要一位專業人士的協助，就以保單規劃來說，我擅長用保單健診系統先健診過一遍，看出保障的缺口，之後再行規劃保單，甚至是保單健診過後，沒有保障的需求，那麼我們也必須定期審視保單。因為隨著醫療的進步，保單也在進化，經濟在進步，環境也在改變，在我規劃的案例中，常見過去認為買充足的保單，到今天是不夠用的。

尤其這常見於剛出社會的，或是工作一陣子的人身上。過去父母因為愛，都會幫小孩規劃保單，但是過去的保單規劃都是 10 年或 20 年之前的事情了。就以住院日額來說，過去認為住院一天 1,000 元就是一個合理的額度了，但是如果同樣的規劃放到今天，那麼這就是一個保障不足的規劃，我們就必須要重新再審視一次。

再例如過去的癌症險，通常都是以住院日額、住院手術作為主要理賠項目，的確，過去癌症大多數需要住院、需要開刀，但是現在的癌症治療大多數都是以標靶藥物最為有效，因此過去的癌症險可能今天不能適用了，必須要做調整。

因此，我們需要做的事情是每3~5年健診一次保單，更新一下保險知識，不要因為業務人員來家裡面推銷，並且告知我們即將停售，我們就匆匆忙忙的沒有經過深思熟慮，就買了一堆不需要的保單。

購買保單應該以需求考量，而不是因為某個產品未來買不到而購買，就跟大多數人因為超市特價，所以買了很多不必要的東西囤積在家中一樣。囤積一些商品在家，大不了就是家中空間被壓縮了，不會造成傷害，但是保險一旦亂買了，會造成財務狀況的惡化，進而造成退休計畫、生活品質被保費給壓縮了。

因此建議，不要因為停售買保單，要因為需求而買保單。

投資型保單與儲蓄險難解的結

這是我親身的體驗，故事是發生在我還在保險經紀人公司工作的時候，當時整個通訊處只有我取得人壽、產險、投資型、外幣等四張基本銷售保險的保單，而且當時壽險通訊處的訓練就是，投資用保險、儲蓄用保險、退休規劃用保險，所有的東西都是用保險規劃，除了保險之外，就沒有其他選項了。

在那種奇怪的環境下，我自然而然就會提出質疑，為什麼會有一句話說「保險歸保險，投資歸投資」呢？當時壽險通訊處就是把所有理財的行為，都用保險解決了。也恰巧那時我在股票市場正好大賺一筆（金融海嘯的底部），因此到底一般人的理財要用儲蓄險好，還是投資好呢？

儲蓄險的好處是（以非利變商品為例），只要繳費期滿，保險公司提供的報酬率是固定的，但是這個報酬率 IRR，是非常低的。姑且不論保險公司會不會倒閉，低報酬率就代表要達到理想財富的速度會很慢。

於是我就想了一個折衷的辦法，把千辛萬苦省下來買保險的錢拿去買保險公司的股票，這樣就能解決多數的問題了。股票是保險公司經營好壞的指標，如果經營得不好，那麼去買這家保險公司的保戶，自然就要提心吊膽了！

到今天，如果真要買儲蓄險，我認為除了有豁免保費包含保障的儲蓄險之外，其餘的儲蓄險真的比較不適合作為理財的工具。除非你的資產高到一定的程度，有稅務、傳承、資產分散的想法時，才需要把資金分配在儲蓄險之上。甚至如果你的資金再更多一些，我們可以借錢給保險公司，保險公司會提供比保單更好的利率給債主。

以國泰人壽的永續債券為例，國泰人壽給債權人的利率是 3.3%，並且附加一個條件，如果未來 2027/5/12 日國泰人壽沒有把這張債券買回，那麼利率要加 100 BP，也就是說利率會來到 4.3% 。這樣的利率是不是比目前國泰人壽發行的保單，無論利變或是固定宣告利率的台幣保險高呢？而這樣的債券就跟躉繳的儲蓄險非常相近了，我認為這個工具一定勝過儲蓄型保險（如果沒有豁免保費等保障在內的話）。

日額型終身醫療險好，還是實支實付型醫療險好？

日額型終身醫療好，還是實支實付型醫療險好？這是大家爭論已久的話題，那麼我們該如何去看待這一件事呢？

如果大家還記得日額型終身醫療險的理賠內容，住院日額為主要理賠項目，而實支實付型醫療險的理賠內容，以住院雜費、手術費用，還有門診手術費用這幾項為主。

然後我們就透過實際的案例來說明吧！第一個案例：我的客戶投保某家的商品，主約是終身醫療險，搭配實支實付。這是 100 年投保的保單。主約附約加起來保費是年繳 35,830。

A 主約：終身醫療，住院一天 2,000 元，出院療養金 1,000 元，門診手術賠 1,000 元，住院手術 3,000 元 （一年保費 2.4 萬左右）（姑且不論手術費用理賠的數字少得可憐）

B 附約：實支實付門診手術並且理賠醫材，理賠上限 60,000 元（一年保費 8,000 多）

這時候狀況來了，客戶因為年紀稍長，眼睛出現問題了。醫生建議選用較好的人工水晶體（單價 88,000），因為有散光加上年紀的考量，這個時候理賠下來了。

A 主約：終身醫療理賠門診手術 1,000 元
B 附約：實支實付包含醫材（人工水晶體）理賠 60,000 元

哪一個有效用？

第二個案例：我客戶的小孩，保單有兩張。一張是人情保單，終身醫療 1,000 元 + 終身手術 1,000 元，年繳保費 2.5 萬，因為考量預算只能再買 2 萬元，我規劃的是不還本失能險 5 萬＋副本理賠實支實付（雜費額度 13.5 萬，病房費差額 4,000 元以內完全理賠，並且可以轉換日額 2,250 元），年繳保費 1.8 萬元。

小朋友因為尿道感染住院 10 天，因為考量隔壁床是肺炎，可能會傳染，造成小朋友在院內感染，因此轉換住進單人病房，病房費自費一天 3,500 元。

出院自費項目，病房費 35,000 元，掛號費與雜費 1,600 元，總共花費 36,600 元。這個時候終身醫療險＋終身手術險的理賠＝住院一天 1,000 元＋出院療養金 500 元＝ 1,500/ 日，總共理賠 1,500 × 10 ＝ 15,000 元。

我規劃的副本理賠實支實付＝病房費差額 4,000 元以內完全理賠，這時候病房費一天 3,500 × 10 ＝ 3,5000 元，完

全理賠，並且掛號費與雜費 1,600 元，因為其中 200 元是診斷書兩份的費用，因此理賠減少 100 元。實支實付總共理賠 35,000 ＋ 1,500 ＝ 36,500 元

在這個案例中，實支實付的功能還是遠大於終身醫療，並且做出了損害填補，實支實付還是優於終身醫療險。

第三個例子：客戶本身有終身醫療日額 1,000 元，出院療養金 500 元。我再幫他規劃雙實支實付，終身醫療的保費＞兩張實支實付的保費。

兩張實支實付：一張雜費額度 120,000 元，可轉換日額 1,500 元，另外一張雜費額度 120,000 元，可轉換日額 1,680 元。

某次客戶住院 3 天，除了掛號費之外，沒有其他支出。

終身醫療理賠：（1,000+500）×3 ＝ 4,500

我規劃的兩張實支實付：

實支實付 A，轉換日額 1,500/ 日，所以理賠 1,500×3 ＝ 4,500
實支實付 B，轉換日額 1,680/ 日，所以理賠 1,680×3 ＝ 5,040
實支實付 A ＋實支實付 B，共理賠 9,540 元

這個案例也還是實支實付勝。

看完上面3個案例，相信大家心中應該有一些想法了。如果遇到狀況，實支實付的理賠涵蓋範圍比終身醫療高多了，無論是否使用到昂貴的醫療器材，或是高價的自費手術。

再以一個活生生的例子說明之，人工椎間盤這種超高費用的醫療器材，請問終身醫療可以發揮什麼功能？而雙實支實付剛好可以勉強填補這個費用的缺口。

低頭族常會造成頸椎壓迫神經，最後就需要人工椎間盤的醫療器材來輔助了（一片25萬）。因此我建議，如果預算有限，一定要從實支實付型的醫療險先買，行有餘力再去買終身醫療（我認為甚至不買終身醫療也可以）。保費便宜保障高，是購買保險最重要的一件事情。我們每個人的金錢都是有限的，讓保費的效益越高，才是買保險最重要的事情，錢要花在刀口上！

罐頭保單就是好？

什麼是罐頭保單？罐頭保單的特色，就是便宜、保障高。除了主約外，都是定期險。簡單來說，就是各家公司最便宜、最強的定期型保險湊合在一起，這就是罐頭保單了。

所以，罐頭保單就是低保費、高保障的商品了。沒錯，的確如此。但是罐頭保單適合每一個人嗎？這個答案我們就得好好思考一下了。試從三個面向說明之：需求檢查、資產淨值、年齡。

需求檢查：

罐頭保單好雖好，但是所有購買的保險或是投資，都應該先搞清楚自己的需求再下決定，例如牛樟芝好了。牛樟芝是肝癌聖品，但是如果沒有肝癌，何需這個聖品？（當然炒作是另外一件事情了），因此罐頭保單再好，還是需要看需求而定。

因此，正確的保單規劃流程：

第一：先保單健診，看看自己過去的保單哪裡有缺口。

第二：針對缺口，提出建議做補強。

第三：如果資金有限，則可以從過去的保單做調整，減額繳清或是展期。

第四：完成保單補強之後，我們可能每5年都要再保單健診一次，因為醫療水平、保險商品日新月異，我們需要定時檢視。

資產淨值：

如果對象是資產10萬美元以下的人來說，罐頭保單就是他們所需要的保險。但是仍建議規劃保障型保險，一定要先經過保單健診的過程，這樣才能知道自己過去買了什麼，還缺什麼，若有不足，再購買即可，這一階段要把錢花在刀口上。

但如對象資產超過10萬美元，甚至來到100萬美元，罐頭保單的重要性就降低了。因為這一族群除了要考慮保單的 CP 值外，更要考慮是否終身型保險有傳承與預留稅源的功能，而不單是只要考慮保障的問題，還有其他需要考量的。

定期型的保險優點是保費便宜，保障高；缺點則是承保年齡有上限。對高資產客戶來說，CP 值固然很重要，但是保障型的終身保單還有稅務與傳承的功能，這個時候 CP 值就不再是唯一考量了。例如：小孩買終身還本型的失能險 5 單位，只比終身不還本型的失能險貴 6,000 元，這時就值得好好考慮，是否買還本型的還是不還本型的。（資產不足的情況之下，買便宜的就對了！）

年齡：

我們知道，罐頭保單都是以定期型的保險為主，上面也論述過定期型的優點與缺點，再來定期型的保險是自然費率，因此當年紀超過 50 歲之後，定期型保險的保費跳升的級距非常驚人，幾乎是每年跳升 3%~5%。如果續保到 80 歲，整體所繳保費可能會比買終身型更多，而且終身型保險在繳費 20 年之後保障終身，並且如果沒有發生事故的時候，保費還能當預留稅源或傳承之用，效益遠勝於定期型，因此罐頭保單比較適用於 50 歲以下的人。

如果年齡超過 50 歲以上，我會慎重的建議，以終身型的保單為主。但有一種最悲情的狀況就是，當定期型的保險超過最高承保年齡之後，就得了…… 這樣很悲情。還有 50 歲以上，除非自身財力不足，否則應該到了 50 歲之後，財力至少

表 14-1 某定期型保險 50 歲之後之保費跳升級距

年繳費率表

單位：元／每千元保險金額

年齡＼性別	男性	女性
0	5.4	2.3
1 ｜ 5	5.4 ｜ 5.4	2.3 ｜ 2.3
6 ｜ 10	1.2 ｜ 1.2	0.9 ｜ 0.9
11	1.2	0.9
12	1.2	0.9
13	1.2	0.9
14	1.2	0.9
15	1.4	1.1
16	1.7	1.3
17	1.9	1.5
18	2.0	1.7
19	2.1	1.7
20	2.2	1.8
21	2.3	1.9
22	2.3	2.1
23	2.3	2.2
24	2.4	2.3
25	2.5	2.4
26	2.5	2.5
27	2.7	2.5
28	3.0	2.5
29	3.0	2.7
30	3.1	2.8
31	3.2	3.2
32	3.3	3.4
33	3.4	3.5
34	3.7	3.8
35	3.9	4.1

（接下頁）

表 14-1 某定期型保險 50 歲之後之保費跳升級距（續）

年繳費率表

單位：元／每千元保險金額

年齡＼性別	男性	女性
36	4.2	4.4
37	4.4	4.7
38	4.7	5.0
39	5.2	5.7
40	5.5	5.8
41	5.9	6.2
42	6.1	6.6
43	6.4	7.1
44	7.0	7.7
45	8.0	8.3
46	8.4	8.7
47	8.8	9.3
48	9.3	9.8
49	10.2	10.3
50	11.1	10.7
51	11.8	10.8
52	12.4	11.9
53	13.7	12.0
54	14.2	12.5
55	14.7	13.3
56	15.8	13.8
57	16.9	14.3
58	18.0	15.3
59	19.2	16.2
60	20.3	17.1
61	21.4	19.0
62	22.5	19.8
63	24.8	20.8
64	27.0	21.8
65	30.0	22.8
66	32.5	24.1
67	34.8	25.1
68	36.6	25.7
69	38.3	27.0
70	40.1	28.3

（接下頁）

表 14-1 某定期型保險 50 歲之後之保費跳升級距（續）

年繳費率表　　　　單位：元／每千元保險金額

年齡＼性別	男性	女性
71	41.8	28.6
72	43.5	29.9
73	45.0	31.4
74	46.4	33.0
75	47.9	33.6
76	47.9	34.4
77	49.4	35.9
78	50.8	37.7
79	52.2	39.5
80	53.6	41.3

註：半年繳費率＝年繳費率 ×0.52
　　季繳費率＝年繳費率 ×0.262

應該要達到 10 萬美元以上，這時候的財力應該可以負擔終身型的保費（當然身體要健康才行）。如果到了 50 歲之後，財力仍然不足，那麼沒有選擇，仍然使用罐頭保單吧！低保費、高保障，早點讓自己的財富進階。

所以，罐頭保單適合每一個人嗎？我的建議是，根據自身的財力、年齡以及需求三個面向好好思考，罐頭保單不是適合每一個人！

投資與儲蓄的爭端，我想永遠都會存在著，一般保戶在無法知道各種金融商品的好壞與風險的情況之下，建議還是維持原來的原則「投資歸投資，保險歸保險」，並且找一個同時懂投資與保險的顧問，來協助規劃人生的理財課題，這樣才能讓自己的理財，輕鬆又有效率！

15 結論

保險最大目的就是保障，但什麼事情需要保障？撞到名車、意外撞殘他人、住院 3 天花了 20 萬、長期住院超過 180 天、得了癌症，標靶藥物要花上百萬元、出了意外沒死，但終身需要他人照顧…，這些都是我們人生中最擔心的幾件事情，因為這些事情會造成我們財務上的重大損失，而成為我們生命中很難承擔的風險。

因此，我們買保險的目的，就是為了要把這些風險轉嫁給保險公司。我們應選擇保費相對便宜但保障較高的商品，因為保費便宜，我們便可以把省下來的錢拿去儲蓄、拿去投資，加速我們財富累積的速度。

當我們突破第一個門檻淨資產 300 萬台幣時，光是被動收入每一個月就超過 1 萬元台幣（以殖利率 5% 計算，一年可獲得 15 萬元，1.25 萬 / 月），當金額達到 1,000 萬，我們的被動收入就能達到 50 萬 / 年，4.16 萬 / 月，相當於一個高級作業員的月薪。當金額達到 3,000 萬元，一年可以獲得 150 萬元，相當於一個月 12.5 萬元，這已經是一個中階主管的年薪了。

人常說用錢賺錢才是最快的，因此在財富累計的階段，就該替自己精打細算，選擇正確的保險，用低保費買到高保障，讓自己財富增值的速度加快。當財富累計到一定程度之後，自然退休規劃、傳承計畫，就可以透過保單來協助完成。

本書將教導你如何用最精省的資源達到最大效益，並且告訴大家規劃保險最重要的幾個環節。看完本書後大家可以把這一本書當作是購買保險的指導工具書，這將會是你最佳的選擇。

台灣廣廈 國際出版集團
Taiwan Mansion International Group

國家圖書館出版品預行編目（CIP）資料

理財顧問教你這樣買保險最聰明：
不浪費一分錢！保障、投資、指定受益，保險全面解析 / 吳盛富著
-- 初版. -- 新北市：臺灣廣廈, 2019.06
面； 公分. -- (view；35)
ISBN 978-986-979-831-0(平裝)
1.保險 2.保險規劃 3.理財

563.57 108010624

財經傳訊
TIME & MONEY

理財顧問教你這樣買保險最聰明

：不浪費一分錢！保障、投資、指定受益，保險全面解析

作　　者／吳盛富
編輯中心／第五編輯室
編 輯 長／方宗廉
封面設計／16設計有限公司・**內頁排版**／林雅慧
製版・印刷・裝訂／東豪・弼聖・秉成

行企研發中心總監／陳冠蒨
媒體公關組／陳柔彣・**綜合業務組**／何欣穎

發 行 人／江媛珍
法 律 顧 問／第一國際法律事務所 余淑杏律師・北辰著作權事務所 蕭雄淋律師
出　　版／財經傳訊
發　　行／台灣廣廈
地址：新北市235中和區中山路二段359巷7號2樓
電話：（886）2-2225-5777・傳真：（886）2-2225-8052

全球總經銷／知遠文化事業有限公司
地址：新北市222深坑區北深路三段155巷25號5樓
電話：（886）2-2664-8800・傳真：（886）2-2664-8801
郵 政 劃 撥／劃撥帳號：18836722
劃撥戶名：知遠文化事業有限公司（※單次購書金額未達1000元，請另付70元郵資。）

■出版日期：2019年9月
ISBN：978-986-979-831-0
■初版2刷：2021年9月